すぐに解決！
子ども緊急事態 Q&A

『大丈夫？ ～虐待・いじめ・学力低下・不登校・ひきこもり・学級崩壊～』

教育研究所所長／教育コンサルタント
牟田 武生 著

目　次

序　章　年齢不詳の親と「四嫌多楽」の世界に住む子ども達……1

第1章　まず、子どもの心を理解することから………………5
　1．大人と子ども、それぞれの立場を乗り越えて—市民座談会より…6
　　●「人の迷惑にならないように」—子どものタテマエ………6
　　●「親の言うことなんか聞けるか！」—子どものホンネ………8
　　●グレーゾーンの子どもたち……………………………………13

　2．子どもの心を知る基本………………………………………15
　　●問題行動への対応は、冷静に「アイウエオ＋ニ」…………15
　　●背景を理解するには、「カキクケコ」が肝心………………15
　　●子どもを叱る時には、「サシスセソ」を忘れずに…………17

　3．「アイウエオ」の上手な使い方—美由紀の場合………………18
　　●すべては未成年飲酒補導から始まった！……………………18
　　●私なんて、生きていても意味ないね！………………………22
　　●彼が「フウゾクで働け！」って言うの………………………26

第2章　今、親や先生が悩んでいることQ＆A………………33
　1．しつけ・子育て…………………………………………………34
　　Q1　娘に手をあげてしまう私………………………………34
　　Q2　小学生の我が子が憎い…………………………………36
　　Q3　いつまでも実家の母に頼る私…………………………38
　　Q4　しつけと虐待の境目は？………………………………40
　　●言葉ミニ知識①—児童虐待…………………………………42
　　Q5　本の読み聞かせ…………………………………………44
　　Q6　反抗期をどう過ごすか—反抗期で大変！……………46
　　Q7　反抗期をどう過ごすか—反抗期のない息子…………48
　　Q8　不良言葉・コギャル言葉………………………………50
　2．子どもの友人関係………………………………………………52
　　Q9　友達から頻繁にものをもらう・あげる………………52
　　Q10　子どもがいじめられているようで不安………………54
　　Q11　友達は暴走族？…………………………………………56
　3．社会・環境………………………………………………………58
　　Q12　子どものストレス………………………………………58
　　Q13　コンピュータの影響……………………………………60
　　Q14　メールに夢中の娘………………………………………62

Q15　　R指定映画 …………………………………………………… 64
　　Q16　　ブランド品を欲しがる・派手なファッション・携帯の購入 … 66
　　Q17　　アルバイトを許可する条件 ………………………………… 68
　　Q18　　男を家に連れ込む高校生の娘・息子の鞄からコンドーム … 70
　　Q19　　アダルトサイトばかり見る息子 …………………………… 72
　4．問題行動 ……………………………………………………………… 74
　　Q20　　小学生の万引き ……………………………………………… 74
　　Q21　　中学生の息子が先輩から金銭を要求されている ………… 76
　　●言葉ミニ知識②―最近の少年による凶悪犯罪 ………………… 78
　　Q22　　家庭内暴力で生活ができない …………………………… 84
　　Q23　　いじめに加わる我が子 …………………………………… 86
　　●言葉ミニ知識③―「いじめ」への教師の対応・すべきこと … 88
　　●言葉ミニ知識④―「いじめ」の国際比較 ……………………… 89
　　Q24　　プチ家出の心理―高校生の娘が家出 …………………… 90
　5．学校・教育 …………………………………………………………… 92
　　Q25　　うちの子が学級崩壊の原因に？ ………………………… 92
　　●言葉ミニ知識⑤―学級崩壊 …………………………………… 94
　　●言葉ミニ知識⑥―学級崩壊―先生の悩み― ………………… 96
　　Q26　　小学生の息子が学校に行きたがらない ………………… 98
　　Q27　　不登校を続ける息子が心配 ……………………………… 100
　　Q28　　不登校からひきこもり、何度も自殺未遂を繰り返す … 102
　　Q29　　学力低下 …………………………………………………… 104
　　●言葉ミニ知識⑦―総合的な学習の時間 ……………………… 106
　　●言葉ミニ知識⑧―小学校の学校選択制度 …………………… 108
　　Q30　　極端に数学ができない …………………………………… 110
　　●言葉ミニ知識⑨―「ＬＤ」と「ＡＤＨＤ」の診断基準 …… 112
　　Q31　　おたくのお子さんは「ＡＤＨＤ」です ………………… 116
　　●言葉ミニ知識⑩―「ＡＤＨＤ」の子どもに対する教師の対応 …118

第3章　不登校・ひきこもりをめぐって ………………………………… 121
　1．対談にあたって ……………………………………………………… 122
　2．不登校・ひきこもりとの出会い …………………………………… 124
　3．不登校・ひきこもりの問題 ………………………………………… 132
　4．解決に向けて ………………………………………………………… 160

終　章 ……………………………………………………………………… 189

序　章

年齢不詳の親と
「四嫌多楽」の世界に住む
子ども達

教育相談を始めて30年、相談内容に、今ほど時代の世相が表れた時はありませんでした。バブルの崩壊は、経済社会だけでなく、日本人の精神構造の崩壊まで招いてしまったのではないかと思うほどです。現代に見られる価値観の大きな変化は、新しい社会を生むための前奏曲なのでしょうか。
　荒波にのみこまれてしまった子育て世代とその子ども達は、それぞれが様々な問題を抱え込んでいます。

　まず大人の問題としては、アダルトチルドレンと言われる「大人になれない母親・お祖母ちゃんに頼る母・子供の前でアダルトゲームに夢中の父親」が増加していることなどがあります。
　そして子ども達の問題としてまずあげられるのは、人間関係の希薄さという問題、またそのことにも関係しますが、遊びの中心であるアニメ・TVゲーム・カルトビデオ等のバーチャルな世界に浸かっていたことによる「生き方指南役は親より芸能人・ストレスの発散は金のかからないいじめが最高」などという考え方の蔓延です。加えて「援交やって何が悪いの？・チュウハイってお酒なの？・出会い系サイトは楽しいよ」という言葉に見られるように、倫理観と善悪の基準とが非常に希薄になっていることです。

　現実社会の影響として、教育相談の内容も昔とは変わってきています。
　「勉強やって何になる？一流大卒のオヤジ（親父）はリストラ男」「カレシとやっても大ジョブなのに、オヤジと援交やると妊娠するのはどうして？」「オロシはカンパで！親には内緒」。これらはいずれも教育相談の内容です。TVのワイドショーの企画をやっている

のではありません。かつては「あれはＴＶの中の話だよ」という一線がありましたが、現在は「ＴＶの世界」と「私たちの暮らし」の距離がほとんどなくなってしまいました。このような悩める現代の相談内容をあげていけばきりがありません。

　現代における「子育て世代」は「エイジレス」です。その世代は、大人なのかまだ子どもなのか、精神構造では見分けがつきません。けれど、子育て世代を責めたり、批判したりするつもりはありません。何故なら、「子育て世代」が育った環境を作り出したのは「団塊の世代」であり、それは日本社会が向かった先の一つの結果だったからです。
　そして、そのような「子育て世代」が育てている「子ども達」は『四嫌多楽（よんけんたらく）の世界』で生きる子ども達です。四嫌とは「我慢することは嫌」「努力することも嫌」「地味なことは嫌」「責任のかかる事も嫌」の四嫌であり、多楽とは「好きなことだけやっていたい」ということです。今の子ども達はこの「四嫌多楽の世界」に生きているのです。
　私だって、それで生きていくことができるのならばその道を選ぶけれど、それでは生きていけないから、「そんなこと言ってもね！」と思うのです。昔の人の言葉に、「若い時の苦労は買ってでもしろ！」とあります。そこまではいかなくても、「少しは自立することを考えたら」と今の子ども達に対して思ってしまうのは、私だけでしょうか。
　それと同時に、「でも、待てよ！このような世界に、子ども達を連れ込んだのは、やはり『大人の社会』ではなかったのかな？」とも思います。「団塊の世代」や「子育て世代」を含めた、そんな「大人の社会」は、子ども達から見れば、「ちっとも、大人らしくない、大人には見えない大人達による社会」なのかもしれません。

「子育て世代もその子ども達も救えない。教育相談を長年やってきた私に何が出来るのだろうか？」そう自分に問いかけ出した結論は、「時代にふさわしい本を書こう」というものです。

　混沌とした時代に「今日を生きる」子ども達。彼らに降りかかる様々な問題に心を奪われ、子育て世代は日々の苦労が絶えないことでしょう。そんな皆さんの心が休まることを目的とした本書では、なるべく具体的に、教育相談のカウンセリングのノウハウを充分に活用して、誰でもができる「子どもの心を理解するためのテクニック」を紹介しました。

　次の新しい価値観の時代を生きるお子さんを理解するために、是非活用して下さい。さらに、新しい問題を理解していただくために、最新情報の「言葉ミニ知識」で解説やデータを取り上げていますので、そちらもご参考になさって下さい。

　やがて訪れる「新しい社会」が、子育てが楽しい社会であること、そして子ども達にとっても幸せな社会であることを心から切望いたします。

第1章

まず、子どもの心を理解することから

1．大人と子ども、それぞれの立場を乗り越えて―市民座談会より

● 「人の迷惑にならないように」―子どものタテマエ

　毎日、学校生活や家庭で起こる問題に悩む親や子どもの話を聞いていると、子ども達が日頃生活している「学校」に、「一市民として」訪れてみたいと思うようになります。

　私が日々を過ごしているのはカウンセリングの場であり、「悩むひと」を心から受け入れ、問題解決のために、親身になって、一緒に考えて行く所です。そこは、受容的配慮の行き届いた世界であり、世の中とは別世界です。ですから、「たまには現実社会に行かないと、パソコンゲームの中で暮らす、ひきこもりの青年と何ら変わらなくなってしまう」、そんな思いが起こり、「一市民」として「学校」を訪れてみたいと思うようになるのです。

　そんな私が訪れたのは、ある公立中学校の図書館で開かれた「市民座談会」です。地元の小学生と中学生が30名ほど参加し、その中に学校の先生、補導員、町内会の役員、ＰＴＡの役員、ほんの数名の一般市民（もしかして私だけだったのかもしれません）が参加して、「いじめ問題」をテーマに、地域の連携を話し合う集いでした。副題に「街中でタバコを吸う、コンビニの前でたむろする子供達」とありました。

　確かに普段でも違う立場としてでなら、講演をしに、あるいは教育委員会の依頼で研修に、という目的で学校に来ることはあります。そしてそのような時には、学校側が配慮してくれているのか、たとえ理解出来ない話でも、反対の意見でも、（実に日本的に）肯いてくれます（本当はそれでは研修の意味がないのですが……）。ある意味、学校側が私に合わせてくれているのでしょう。

しかし今回は、転校生が知らない学校にまぎれ込んで来たような心境になりました。大人達は、見知らぬ中年男を無視するかのように、私の席を飛び越して、知り合いに声をかけます。仲間同士の親しげな会話が飛び交います。その点、子ども達がニコニコして笑顔を向けてくれるのはありがたい。この場に居てもいいよ、という思いが伝わってきて、心地よく感じました。
　「市民座談会」は、まずは子ども達の発表から始まりました。子ども達が、それぞれのテーマに従って、小学生・中学生のグループに分かれて、「どのようにしたら非行・いじめのない安全で住みやすい地域にできるか」というテーマで事前に話し合い、その結果をあらかじめ模造紙に書いておき、内容を指し示しながら発表を行うという形式でした。どの子も各学校を代表した優等生のような子ばかりです。
・「ごみを捨てない」
・「ごみが落ちていたら拾う。私達は、学校の地域奉仕活動の時間に、みんなで近くの公園のごみを拾いました。たくさんごみが集まりました」
・「塾の帰り道、大きな声を出して、話しながら帰らない」
・「ピンポン・ダッシュは迷惑になるからやらない」
　子どもらしい意見が報告されますが、テーマである「いじめ」「非行」とは結び付きません。

　その後、担当の中学の先生から、プログラムの説明がありました。「それぞれのテーブルに、小学生・中学生・大人が混じるようにして、4つのグループを作りましょう。その中で、中学生が進行係になって、話し合いをして下さい。グループの話し合いで決まったこ

とを、後で発表してもらいます」
　テーマは、地域を安全で住みやすくするには、
「大人は何をすれば良いか」
「子どもは何をすれば良いか」
「学校や町内会はどんな事をすればよいのか」
というものでした。

　私が着いたテーブルには、小学生の男の子1人、中学生の男の子が4、5人がいました。大人は中学校の女性の先生、ＰＴＡの役員達です。

● 「親の言うことなんか聞けるか！」－子どものホンネ

　司会の男の子が、「いじめや非行の問題解決の報告がなかったのは、今日のテーマと少し違うので、テーマに戻して話し合いましょう」と発言し、座談会は始まりました。

司　　会：「もしも、中学生がタバコを吸っていたとします。大人の人は注意しますか？　僕は吸っているのを何回か見たことがあるのですが、その人達が怖い人ばかりだったので、注意出来ませんでした。大人の人は注意出来ますか？」
先　　生：「私はこの地域では、中学生がタバコを吸っているのを見たことがないわ」
中学生全員：「吸っていますよ！」
先　　生：「この中学の子？それは誰なの！」
司　　会：「誰か！今はその話をしていません」

ＰＴＡ：「知っている子なら出来るかも知れないけど、数人だったら怖くて出来ないわ。知らない子だったら、怖いから絶対に出来ない」

中学生Ａ：「僕達が怖くてできないのだから、大人が注意してくれないと、町は安全にならないと思いますが」

司　　会：「先生は、町でよその中学生がタバコを吸っていたら注意しますか？」

先　　生：「自分の学校内とか、知っている子なら注意するけど、よその中学の生徒には注意はしないわ」

司　　会：「お父さんたちは注意しますか？」

母　親Ａ：「うちの主人はしないと思うわ。自分も高校生から吸っていたと言うし……」

母　親Ｂ：「お父さんは、『近頃の若者は怖い、巻き込まれたくない』と、いつも言っているわ」

中学生Ｂ：「家で、父親がタバコを吸うからいけないのではないのですか。副流煙とか、知らないうちに肺に入ってしまって、体に良くないですよ」

中学生Ｃ：「僕の家は両親ともタバコを吸わないから良いのですが、お母さんたちは、お父さんが家の中でタバコを吸っているのを注意しますか？」

母親数人：「注意しないわ。大人は別じゃない」

中学生数人：「それがおかしいんだよ。タバコは誰が吸っても体に悪いよ」

司　　会：「それじゃあー。子どもが不良になったら、どうしますか？」

母　親Ａ：「困るわ！注意はすると思うわ」

司　　会：「暴れたりしたらどうしますか」
母　親 A：「そんな時は、主人に頼むわ」
司　　会：「ナイフとかを振り回したらどうするのですか？」
母　親 A：「そんな時は警察に頼むわ」
中学生 C：「すぐに警察か！親として、先にすることはないの？」
Ｐ Ｔ Ａ：「どうして、親の言うことをあなたたちは聞かないの？」
中学生 C：（小声で）「親の言うことなんか、聞けるかよ！」
司 会 者：（何にも発言しない私に対して、少々、怒った表情で）
　　　　　「おじさんはさあー、町でタバコを吸っている中学生がいた時どうしますか。また、子どもが不良になったらどうしますか」
　　私　：「中学生でも、高校生でも、注意するよ！　注意しても、うるせぇーなぁーって、顔されるし、注意しても聞いてくれないけどね。しつこくすると殴られるから、引き際が大切だよね。タバコはやめっこないから、空しいけど、君の事を心配しているよというメッセージがその子に届けばと思ってね。

　　　　　僕には24歳の社会人になる子と21歳の大学生になる子と８歳の子と５歳の子がいるけど、上の２人は幸い不良じゃないし、下の子、２人は、今なったら、『お子さまふりょう』だからね（笑）」
司 会 者：「よく大人は、近頃の子どもは悪い、親や大人の言うことを聞かないし、すぐにキレるし、どうしようもないと言われるのですけど、おじさんはどう思いますか？」
　　私　：「全てとは言わないけれど、ほとんどが、子どもより大人の方が悪いと思うよ。」

司　会　者：「ええ？！どうして？」
　　私　　：「子どもの犯罪は、援助交際にしろ、出会い系サイトしろ、携帯電話の普及にしろ、子どものお小遣いではとても買えそうにない子どものゲームソフトにしろ、みんな大人が関わっている。中高生の女の子に露出度の高い洋服を着せて、セクシーさを売り物にした歌とダンスをさせてお金を儲ける芸能界。大晦日に、紅白歌合戦でそれをＴＶ中継し、家族みんなで見て何にも感じない社会が今の日本だよね！それらの社会環境から、今日のような特殊な青少年の犯罪が起るのではないかな？
　　　いつの間にか、大人社会が子ども達を巻き込んで、たとえそのことが原因で問題が起きても責任を取らない社会を作ったんだよ。そして、ちょっとした問題で、大人が子どもに追求されて都合が悪くなると、子どもと大人は立場が違うと逃げるのだよ。
　　　大人は子どもをターゲットにした消費社会を作り、子どもはそれに巻き込まれて、遊びも、カードゲームなどのように持ってないと友達と遊べないものが増えている。遊べないと仲間外れになる。買うお小遣いもない。仕方がないから万引きする。大人達はこのような間接的に起っている問題行動に対しても、近頃の子どもは悪いねとか、評論をして見て見ぬ振りをする。子どもの問題を大人達がシカトするのは良くないと思うよ」
子ども全員：「そうだよ。確かに子どもも悪いけど、大人も良くないよ！」
Ｐ Ｔ Ａ：（私の意見にムッとしながら）「君達はキレることなんて

　　　　　　　ないよねー。普通の子はキレないし、援助交際なんてしないわよね」
司　　会：「あるよー。キレないやつなんて、ここにいるの？」
中学生全員：「マジ、キレるよー」
中学生Ｂ：「援交の相手だって、ほとんどが、オヤジだよ」
中学生Ａ：「僕のクラスの女子も、何人かは出会い系サイトにはまっているよ」
ＰＴＡ：「誰に対して、キレるの？」
中学生A,B,D：「親、それと……先生。ギリギリで抑えるけどー」
中学生Ａ：「親の立場って言うけど、学校も先生も同じだよ」
司　　会：「今日だって、問題を出して、それに対する解決案。そんな簡単なものじゃないよ。色々なことが絡み合っているから。

　でも、先生達が望んでいるのが分かるから、おりこうさん的答えを出して、それで教師は満足し、全てが終わりだもんな。問題の根元は何にも解決しないで終わる。いじめも非行問題もそうだよ。いつもおかしいと思っていたのだけど……。

　ところで、今日のまとめの報告どうする？」
先　　生：「だから、話を広げるからいけないのよ。親子のコミュニケーションが大切でどう？」
中学生A,B,D：「ヤッパ、いつまでも先生の立場か？　何か違うと思うのだけどナー」
司　会　者：「発表の時、おじさん助けてくれる？」
　　私　：「いいの？子ども達だけで、まとめなくても」
司　　会：「まとめなくてもいいよ。でも、おじさんが言ったこと

を話すのは、まだ難しいよ。でも、僕達の気持ちがすごく入っているから、大人の人に聞いてもらいたいよ」

　「市民座談会」に参加した子ども達は、生徒会の役員ばかりでした。子ども達は、この問題について真剣に考えていました。子ども達にとって、いじめ問題や非行生徒との関わりは日常的な問題なのでしょう。
　その点、大人達には、いじめ問題や暴力事件・援助交際等の非行問題は、ワイドショーの世界の出来事であり、身近に感じていないようでした。大人達は、「子どもというものは、学校に行き、勉強し、部活をやり、塾に通い、気晴らしでＴＶゲームをやり、モーニング娘のＣＤを聞く世界に生きている」と思っているようです。いじめや非行は、特別な子がやるものだと認識しているのか、子どもの気持ちも理解せずに、ただ彼らを妄信しているかのようでした。

●グレーゾーンの子どもたち

　子ども達の生きている「今」は、かつて私達が過ごした子どもの頃の「過去」とは社会環境が大きく違います。ですから、自分の過去の経験や体験だけで判断したら、大きな誤りを犯すことになります。
　昔は問題行動を起こす子（黒）と、問題行動を起こさない子（白）が明確に二分化できました。
　今は、わずかな黒と白、そして大部分の子どもが灰色です。ある日突然、「うちの子に限って」が「まさかうちの子が」に変わる時代なのです。
　親子の対話も、市民座談会での会話のように「親の立場」を論拠

に説得してみても、子どもの心には何にも響きません。小さい頃から、「大人」の偉い人の不祥事を山のように聞き、「大人」の違法行為を見て、感じてとってきた子ども達は、「大人」を尊敬するどころか、信頼さえもしていません。しかし、自分一人では生きていけないため、幼児が本能的に持っている環境適応力（世話されて生きていくための能力）を思春期になっても発揮させながら、「大人」に心を開くことなく成長していきます。そのために、精神的に未熟な部分を多く残した子ども達はやがて、「大人」になることを生理的に拒む、無気力型の青年に変わっていくのです。

　「大人の立場」と「子どもの立場」のぶつかり合いでは、永遠に平行線をたどることになります。

　立場論ではなく、親自身の生き方、善悪を含めての価値観を、真剣に子どもにぶつけてみましょう。そして、心から話し合ってみましょう。きっと人生で一番大切な「生きる力」が伝わるはずです。

　反対に、親が子どもの問題から逃げたとしたら、子どもはその分、生きていく上での大きな荷物（ひきこもりや反社会的行動）を抱えることになります。

2．子どもの心を知る基本

●問題行動への対応は、冷静に「アイウエオ＋ニ」

　子どもの起こした問題行動に対しては、親自身が心を平静に保つことが求められます。

ア	あわてない
イ	いらいらしない
ウ	うろたえない
エ	えんりょしない
オ	おこらない
ニ	にげない

　以上の**「アイウエオ＋ニ」**を覚えておきましょう。
　子どもの問題行動が発覚したら、まず「あ」の"慌てず"に、うちの子は何てことをしでかしたのと「い」の"イライラ"したり、「う」の"うろたえ"たりせずに、子どもが起こした問題行動について子どもに「え」の"遠慮"することなく、全容が分かるまで冷静に話を聞き、「お」の"怒って"しまわずに、ということに注意して対応しましょう。その後、親自身が避けたくなってしまっても、子どもの問題から絶対に「に」の"逃げて"はいけません。子どもと一緒になって解決していきましょう。

●背景を理解するには、「カキクケコ」が肝心

　問題が起こった時には、その背景を理解することによって、子どもの心の動きや問題の深さがわかります。そしてそのことが、今後の問題行動の予防にもなります。

カ	過去のことを整理する
キ	気持ちを聞く
ク	苦しみを理解する
ケ	結論に至った理由
コ	行動の理由

　以上の**「カキクケコ」**を念頭に、問題を起こした背景を考えてあげて下さい。

　まずは問題行動に関連する「か」の"過去"のことを整理しましょう。その時の、子どもの「き」の"気持ち"や「く」の"苦しみ"を理解してあげることです。子どもに起こった、その時々の色々な感情を深く分かってあげることが大切です。それを踏まえた上で、「け」の"結論"をなぜ出したのか、そして「こ」の"行動した"のか、気持ちや思いの変化を考えましょう。

　たとえ子どもが悪いことをしたとしても、「そのような悪いことをする気持ちはどうして起きたのか」、また「どうしてそのような間違った行動をしたのか」「その時に葛藤としての苦しみや自分の良心が痛むことはなかったのか」を、親が理解し、子どもの問題点を整理することが大切です。そうすることの中に、子どもとの話し合いにおいて、自然と誤りを気付かせるテクニックが潜んでいるのです。

　子どもが問題行動を起こした時に、その気持ちや苦しみを親が理解して「誤りを正す」のと、何にも理解しないで「頭から誤りを正す」のとでは、子どもとの信頼関係は全く異なってきます。その結果、その効果にも大きな違いが生まれることになります。

●子どもを叱る時には、「サシスセソ」を忘れずに

　最後に、問題行動への対応として、「悪いものは、悪い」という親の考えを明確に伝えるようにしましょう。たとえ親が受容としての理解をしても、子どもに反省がなければ、子どもは人間として成長できません。時には子どもを叱ることも必要になります。

サ	先取り不安はいけません
シ	しっかりとした態度で
ス	すっきりと分かりやすく
セ	責任の所在を明確に
ソ	相談にはいつでものることを伝えます

　「悪いものは悪い」これを子どもに伝えるためには、これらの**「サシスセソ」**を忘れずに、叱ることが必要です。

　その時に大切なことは、「再び問題を起こすのではないか？」という親の不安から、「もう一度、同じような悪いことをしたら、承知しないよ」といった「さ」の"先取り"した注意はやってはいけません。先取りした注意は、子どもの「親は私のことを信用していない。親に見捨てられた」という思いを誘発し、子どもの心を傷付けます。ですから、子どもを叱るために話をする時は、今回の問題だけに限ること、そして「し」の"しっかり"とした態度で、「す」の"スッキリと"分かりやすく、「せ」の"責任を"明確にして、ということに注意して話すようにしましょう。そして叱った後には、何か問題があれば、いつでも「そ」の"相談"にのるからね！ということを伝えてあげましょう。

3．「アイウエオ」の上手な使い方 ― 美由紀の場合

●すべては未成年飲酒補導から始まった！

　高校2年生の娘、美由紀さんのことで、母親のAさんが相談に見えました。

　ある深夜、Aさんは警察から電話を受け、「娘さんを未青年の飲酒で補導したので、警察に来て欲しい」と言われました。
　連絡を受けてすぐ警察署に行くと、赤ら顔の娘がそこにいました。周りには中学時代の友達も何人かいて、彼らも一様にアルコールの匂いを漂わせていました。
　Aさんは、思わず美由紀さんをひっぱたいてしまいました。担当のお巡りさんに「落ち着いて、お母さん！」と止められ、その後、お巡りさんから事情を聞きました。
　美由紀さんは家の近くの公園で、中学時代の友達とお酒を飲み、大声で騒いでいたそうです。その騒ぎを耳にした近所に住む人から110番通報があり、彼女たちを補導したとのことでした。
　Aさんは警察官に「二度と問題を起こさないようにして下さい」と言われ、美由紀さんを連れて家に帰りました。
　2人が家に着くと、すでに就寝していた父親が起きてきました。父親は、まだ酔っ払っている美由紀さんの襟首を持ち、2・3回、張り手で顔面を殴り、「お前みたいなふしだらな女は出て行け！」と怒鳴りました。
　その日、Aさんは美由紀さんを自分の部屋で寝かせ、翌日、美由紀さんは腫れ上がった顔で学校に行きました。

　美由紀さんは学校の先生から、「その顔どうした？」と言われまし

たが、「転んで顔を打った」とごまかしました。
　美由紀さんが家に帰ると、いつもより早く帰宅した父親と母親の前で正座をさせられ、父親から、「最近、服装が乱れている」から始まり、ありとあらゆることを言われました。美由紀さんにしてみれば、思い当たる点もあれば、父親が勝手に推測した点もありました。しかし反論は許されず、頭ごなしに説教をされ、最後に「中学時代の友達とは付き合うな！」と強く言われました。
　その事件を境に、美由紀さんは親の言うことは完全に聞かなくなり、無断外泊・不純異性交遊などの非行が始まりました。ちょっとした喧嘩で相手を殴りケガをさせてしまい、高校もやめさせられてしまいました。そのことを怒った父親が娘を殴り、それ以来、家にも寄り付かなくなってしまいました。

　Ａさんの相談は、娘の美由紀さんについて、どうすればよいかという内容でした。
　以下、カウンセラー（以後カ）と母親であるＡさんのやりとりです。

カ　：「父親はいつもそのような対応をするのですか？」
Ａ　：「善悪に対しては、特別厳しい人です」
カ　：「今、娘さんの居所は分かりますか」
Ａ　：「多分、メールで知り合った男友達と一緒だと思います」
カ　：「お母さんが連絡したら、会ってくれると思いますか？」
Ａ　：「私が連絡すれば会えると思いますが、父親は無理だと思います」
カ　：「もし娘さんが家に戻って来るようになったら、父親は受け入れてくれますか？」

A ：「口では、『もう帰ってくるな』と言っていますが、本当は心配していると思います」

カ ：「どうしてこんな事になったか、理解出来ますか？」

A ：「悪い友達が出来て、その影響を受けたのだと思います」

カ ：「近くの公園でお酒を飲んだ時、どういう経緯でお酒を飲んだのですか。その前にも娘さんは飲酒をした事があるのですか？」

A ：「中学時代の悪い友達に誘われたのだと思います。娘は今まで、お酒なんて、家でも飲んだことはありません。娘はバスケットボール部に入っていて、練習が忙しくて、部活と勉強でいつも忙しそうでした」

カ ：「公園でお酒を飲んだ経緯とか、高校やバスケ部で何かあったのか、娘さんから様子を聞きましたか？」

A ：「詳しくは何も聞いておりません。多分、お酒は、中学時代の不良に誘われたのだと思います」

カ ：「その子達はどういう子なのですか？」

A ：「よくは分からないのですが、中学時代から、あまり評判が良くない子ども達でした」

カ ：「どう評判が悪いのですか？」

A ：「中学時代から、塾の帰り、遅くまでコンビニの前でおしゃべりをしているような子ども達です」

カ ：「娘さんはその仲間ではなかったのですか？」

A ：「とんでもない。娘は塾が終われば、すぐに家に帰って来ていました。悪いことなんてあの飲酒事件が初めてで、他に悪いことなんてしたこともないし、親に反抗をしたこともありません」

カ ：「分かりました。初期対応の『アイウエオ』が出来ていなかったのですね」
A ：「『アイウエオ』って何ですか？」
カ ：「慌てずの『ア』、イライラせずの『イ』、うろたえずの『ウ』、遠慮せずの『エ』、怒らずの『オ』です」
　　「飲酒事件の時、警察から電話が掛かってきた時に、『慌てた』でしょう。誰でも突然のことなので『慌てる』とは思いますが、慌てたまま対応してはいけません。そのまま、興奮して行動すると、『イライラ』するだけです。冷静になってから対応しましょう。それでないと、色々な情報が入って来てますます混乱して、どうしたら良いか分からなくなって『うろたえて』しまいます。落ち着いて、何があっても『怒らず』冷静に対応することが大切だったのです」
A ：「全くそんなことは出来なかったわ。私もお父さんも、感情だけで行動したわ」
カ ：「娘さんに連絡を取ってください。そして、興奮してしまったことを謝って下さい。
　　そして娘さんが落ち着いたら、心配していることを伝えてあげて下さい。気持ちがお互いに通じあったら、飲酒事件の経緯を聞いて下さい。その時、決して、責めたり、否定したりしないで下さい。娘さんの言い分や気持ちをしっかりと聞いてあげてください」
A ：「わかりました。がんばってみます」

●私なんて、生きていても意味ないね！

　最初の相談を受けた数日後、Ａさんは再びカウンセリングに見えました。

Ａ ：「中学時代の友達経由で、娘の居場所はすぐに分かりました。最初は会いたくないと言っていたのですが、『会うのはお母さんだけ、無理に家に連れ戻さない』という条件で、外で会うことができました

　　　娘はすっかりヤンキーになっていました。その姿を見て、怒りそうになったのですが、先生に言われていたのでグッと怒りを押えました。『お金はどうしているの？』と聞くと、『スーパーでバイトしている』と言っていました。『誰と一緒にいるの？』と聞きたかったのですが、答えによっては感情が押えられなくなりそうなので、聞きませんでした」

カ ：「飲酒事件のことで謝りましたか？」

Ａ ：「先生のおっしゃった通り、謝りました。そしたら、娘は涙をこぼして、反抗的な態度も急になくなりました。そして、全部話してくれました。

　　　部活で先輩のことを好きになり、それを同級生に見付かり、女子の先輩数人から殴られたこと。そのことが原因で、クラスでも何となく気まずい雰囲気になって、始めはヒヤカシ程度だったけど、いつの間にか「いじめ」に変わってしまい悩んでいたこと。そんな時に中学時代の友達に駅で偶然会い、相談してみたら、みんな心配してくれて自然に仲間が集まり、落ち込んでいる娘をみんなで励ましてくれ

たこと。いつの間にか、缶ビールが持ち込まれ、飲んだら嫌なことが忘れられると思い、つい飲んでしまったということ。警察沙汰になり、親には申し訳ないことをしたと思っていること。
　初めから両親には分かってもらえず、頭ごなしに怒られ、父親に『出ていけ！』と言われ、『警察沙汰の騒ぎを起こしたから捨てられた』と思い、やけになってしまったそうです。高校に行っても、相変わらず「いじめ」があるし、部活も退部したし、面白くなかったようです。そんなある日、くだらないことで又からかわれたので、我慢ができず、いじめた同級生を殴ってしまった。先生に謝りなさいといわれたけれど謝らなかった、と話してくれました。
　誰にも相談できずに、寂しさを紛らわすために、メールで知り合った社会人の男の人とホテルに行った。今の彼もそのうちの一人、愛情があるわけでなく、寂しさと暇をつぶすため、と分かっている。そんなことを言う娘は『私なんて、生きていても意味ないね！』とも言っていました。『大変だったのね。お母さん気付かなくてごめんね。また、会いに来てもいい？』とも言ったら、新しい携帯の番号を教えてくれました。お小遣いを少し渡してきました。大変、喜んでいました。このあと、どうしたら良いのですか？」

カ：「娘さんは、よく話してくれましたね。お母さんとの信頼関係も、そんなにおかしくなっていなくて、良かったですね。早く家に戻してあげたいですね。お父さんにも娘さんの気持ちをちゃんと理解してもらって、もう一度、やり直せればいいですね。

でも、その前に、やらなければならないことがあります。親子ともに、娘さんが問題行動を起こしてしまった背景を、きちっと理解しなければなりません。それは、娘さんにとっても大切ですが、ご両親にとっても、そのような状況を家庭で作ってしまったことを、反省しなければいけないと思います」

A　：「親が何を反省するのですか？」

カ　：「『アイウエオ』が、まだ分かっていませんね。『慌てず』『イライラせず』『うろたえず』『怒らず』ですよ。それを最初の時やらなかったから、無断外泊、退学、不純異性交遊、と問題が発展したのではないでしょうか？もしかしたら、未成年の飲酒の問題だけですんだかもしれません。それよりも何よりも、娘さんの心の傷を深く広げてしまったことが心配です」

A　：「すみません。そうでした。先生に教えて頂いた『アイウエオ』を忘れていました。すぐ、感情に流されてしまうのです。親として情けないです」

カ　：「いいですよ。感情に流されるということは、無条件に娘さんを愛している証でもあるのですから。ただ、娘さんの広い意味での教育を考えれば、もう少し冷静になって下さい。そうすれば、全体像が見えますよ。

　　　そうそう、問題行動の背景でしたね。それを理解するためには『カキクケコ』です。『カ』は過去、『キ』は気持ち、『ク』は苦しみ、『ケ』は結論、『コ』は行動です。

　　　娘さんと今度会った時に、『過去』に同じような気持ちになったことはないか聞いてください。もし同じようになっ

たことがあったというなら、その状況も聞いて下さい。現在と過去は、必ずつながっています。娘さんの飲酒補導事件は偶発的な要素が強いので、もしかしたら過去とのつながりは無いのかもしれませんが、父親の対応については、過去にも似たようなことがあって、不満や不平があるのかもしれません。もし、そのようなものが出てきたら、しっかりと聞いてあげて下さい。

　聞いてあげるうちに、必ず『気持ち』や思いが出てきますから、娘さんはそんな気持ちでいたのだということを、素直に理解してあげてください。普通、思春期の子どもは、そんな気持ちをどうすることも出来ずに、我慢していたり、良心の呵責に『苦し』んでいたりしながら、感情をコントロールして暮らしています。しかし、それらの不平や不満に耐え切れなくなった時、ストレスから自己中心的な『結論』を出して、『行動』に出ます。『気持ち』『苦しみ』などの感情は『……をやろう』という結論を経由し、『……をやる』の行動エネルギーに変化します」

A：「分かりました。今度は、『カキクケコ』に注意して、娘の気持ちや苦しんでいたことを理解してあげれば良いのですね。そうして、何で、あのような事をしてしまったのか、聞いてあげればいいのでしょうか？」

カ：「なるべく早く、そうしてあげて下さい。決して『アイウエオ』の『イライラせず』『怒らず』に注意して、決して娘さんに感情をぶつけてはいけませんよ。娘さんもある意味では被害者ですからね。たとえ、親を非難しても、その中には、甘えの気持ちも含まれていますからね。この際、娘

さんの心の底にある様々な気持ちを吐き出させて下さい」
A ：「分かりました」
カ ：「そうそう、大切なことを言い忘れていた。お父さんには、今までの経過をその都度、こまめに話してください」
A ：「男の人とホテルに行ったことや、現在男と一緒にいるということは言えません。それを言ったら、娘は二度と家に戻れなくなってしまうような気がします。怖くて、そんなこと主人に言えません。どうしたら良いのですか？」
カ ：「そうですね。父親には、今は無理でしょうね。そのことは話さないでおきましょう」

●彼が「フウゾクで働け！」って言うの

そして二日後、母親から電話がかかってきました。

A ：お忙しいところすみません。急を要したものですから、すみません。先生に言われた通り、娘の気持ちや苦しんでいたことを聞いてあげようと思い、今娘に会っているのですけど、別のことで困ってしまい電話しました」
カ ：「どうしたのですか？」
A ：「会ってすぐに、娘が『助けて！』と言うのです。『どうしたの？』と聞くと、『彼（娘さんが転がり込んでいるアパートの住人）が、お前がアパートにいると金がかかる。月25万俺に渡せ！と言う。金がないなら、風俗にでも行け！いくらでも稼げる』と娘を責めると言うのです。娘が『まだ17歳だから店で雇ってくれない』と言っても、『年

なんてごまかせ！若けりゃー、若いだけ稼げるから、店は欲しがる。これを見て探せ！』と、アダルト雑誌を渡されたそうです。『フウゾクなんかで働きたくない』と言うと、娘は殴られ、『風俗が嫌なら援交やれ！客なんて、テレクラに行けばいくらでも、お前の若さとナイスバディーならいくらでもいる』と言われたようです。
　私が『家に帰りましょう』と言っても、『お父さんが怖い。また殴られる。死にたい』と言うばかりになってしまいました。父親に電話して『娘を家に戻したい』と言ったら、『あいつは、もう勘当した。家には戻さない』と言います。どうしたら良いのですか？」

カ　：「娘さんは今、何処にいるのですか？」
Ａ　：「今、私と一緒にいます」
カ　：「娘さんは、彼のアパートを出たいと言っているのですか？」
Ａ　：「…今日、カウンセリングの時間取れませんか？」
カ　：「夕方の時間なら、空けますよ」

　その日の夕方、母親Ａさんと、今風のファッションした健康そうな娘、美由紀さんがカウンセリングに見えました。

Ａ　：「すみません。娘もカウンセリングに行っても良いというから、連れてきました」
カ　：「良く来たね！美由紀さんはどうしたいのかなー。美由紀さんの考え方が間違ってなければ、いくらでも応援するよ！」
美由紀：「よくわかりません。彼は私のことなんて愛してくれない

　　　　　し、お父さんは怖いし。」
　カ　：「どうして、彼が美由紀さんのことを愛していないことが
　　　　　わかるの？」
美由紀：「だって、本当に愛してるなら、フウゾクで働けなんて、
　　　　　言うわけないじゃないですか。それに、私ともメールで知
　　　　　り合ったけれど、毎日、出会い系メールをやっていて、女
　　　　　子高校生とエッチしているって知ってるから……」
　カ　：「彼は何している人なの？」
美由紀：「年は25歳、普通のサラリーマンです」
　カ　：「フーンー…（心の中で、『やっぱり、この国は病んでい
　　　　　る』）。美由紀さんは、彼のこと好きなのかなー？」
美由紀：「好きだなんて。そんなの古いよ。好きとか嫌いとかなん
　　　　　て、だるいよー。そんなのでエッチしないよー」
　カ　：「じゃー、何でエッチするの？」
美由紀：「今の彼はアパートに居させてくれるからかなー。求めら
　　　　　れればしょうがないよー」
　カ　：「お金の貸し借りあるの？」
美由紀：「今のところないけど、このままいれば25万だって」
　カ　：「そんなアパート出ちゃえば」
美由紀：「住むとこないよー。オヤジは厳しいだけで、ミユの話な
　　　　　んて聞いてくれないしさー。反抗すれば、殴られるだけだ
　　　　　し、家にはもう戻りたくない。今でも、頭オカシクなって
　　　　　るのに、家に居たらこれ以上オカシクなっちゃうよー。生
　　　　　きていけないよー」
　カ　：「美由紀さんが小さい時から、お父さんはそうだったの？
　　　　　ちょっとした悪いことでも怒って、美由紀さんの話や思い

　　　　　　を聞いてくれなかったの？気持ちは分かってくれなかったの？」
美由紀：「話を聞いてくれない人が、ミユの気持ちなんて分かるはずないじゃん！」
　力　：「そうかー。それじゃあ無理だなー。部活で嫌な思いをして、クラスでいじめられて、高校生活に悩んでいた時、中学時代の友達が励ましてくれて、嬉しかった？」
美由紀：「あれは嬉しかったな！あれがなかったら、今ごろ、生きていなかったよ！誰も相談相手がいなくて辛かったんだ。それなのにオヤジは何にも知らないで、『付き合うな！』だって。冗談じゃないよ」
　力　：「お母さんは相談相手にならなかったの？」
美由紀：「今は先生に言われて変わったみたいだけど、前はオヤジの言いなり。自分っていうものがなかったんじゃないかな？お母さんもオヤジに口答えすると殴られていたから、怖かったのは分かるけど、もう少しミユの気持ち、分かって欲しかったな」
　Ａ　：「ごめんね。ミユ……」
　力　：「誰にも相談できず、学校でいじめられて、辛かったね。ストレスたまったでしょ」
美由紀：「ストレスって、何だかよく分かんないけど、ちょっとしたことでもすぐに頭にきてさ、クラスの子、殴ったんだ。学校の先生は謝りなさいって言うけど、その子だって、私をいじめていた張本人だから、謝れるわけないよ。
　　　　　　学校の先生から連絡が来て、『謝らないなら、学校やめてください』。冷静になれば良かったのに、喧嘩売られた

　　　　　気持ちになって勝手にやめちゃった。親は、学校やめるの止めてくれるんじゃないかと、密かな期待もあったんだけど、あっさり認めてくれた」
　　Ａ　：「これ以上、色々な人に迷惑をかけられないでしょう」
美由紀：「相談して欲しかった。高校やめたらもうどうでも良くなって、出会い系サイトの男達と会って、ホテルでエッチして、行くとこないから彼のアパートに流れ着いて、今、フウゾクに売られていくの！でも、ちっとも、暗い気持ちはないよ。みんな高校やめた子はやってることだから」
　　カ　：「大人の誰にも分かってもらえず、辛かったね！でも、風俗行くの、本当にそれでいいの？僕は行って欲しくない。そんなことしたら、心も体も壊れちゃうよ」
美由紀：「でも、どうしたら良いかわかんない。どうすればいいの?」
　　カ　：「お母さん、美由紀さんに少しの間、生活できる場所を提供してくれる親戚はないのですか？」
　　Ａ　：「私の実家なら大丈夫だと思います。美由紀、お祖母ちゃんのところはどう？」
美由紀：「おばあちゃんのところなら良いよ。でも、お祖母ちゃんいいのかな！」
　　カ　：「お父さんに会えますか？」
　　Ａ　：「私が、先生の所に行くように話してみます」
　　カ　：「それなら私から、美由紀さんの"気持ち"や"苦しさ""つらさ"を話してみます。そして、今までのやり方では、美由紀さんを追い詰めるだけでは、良くありませんから、お話してみます」
Ａ、美由紀：「よろしくお願いします」

美由紀：「最後に、一つ質問しても良いですか。失礼な質問ですけど」
カ　　：「いいよ。何でも、答えられるものなら答えるよ」
美由紀：「先生は風俗に行った事ありますか？」
カ　　：「残念ながらないよ！」
美由紀：「良かった。善いこと言っても、やっていることがメチャクチャな大人の男の人を大勢見てきたから、私、少し、大人の男性不信なの。今度、そっちの治療もして下さい」
カ　　：「そっちも大切だけど、これからの進路や悩み事の相談もしよう」
美由紀：「よろしくお願いします」
母　　：「ありがとうございます」

　二週間後、父親がカウンセリングに見えました。美由紀さんの補導に至るまでの経緯、それらの行動の背景を話しました。
　その上で、昔は親の価値観だけで、善悪の判断基準を作り、親から子どもへの一方通行で、しつけが出来たこと、しかし、社会環境が変化した現在は、そうはいかなくなったこと、現在は、親から子ども、子どもから親への双方向情報交換をして、「子どもの心を理解する」必要があること、そのためには、「あ〜そ」の対応が必要なことを理解してもらいました。

　その後、美由紀さんは家に戻り、大検から大学に進学しました。
　父親も、母親を怒鳴ることなく、美由紀さんの話を受け止めることが出来るようになりました。大きな価値観の変革期には、親子の心の交流が、一番大切なことなのではないでしょうか。

第2章

今、親や先生が
悩んでいること
Q＆A

1．しつけ・子育て

Q.1 娘に手をあげてしまう私

　娘にピアノを習わせています。その上達の遅さにいらつき、つい手をあげてしまうことが度々あります。かつては軽くたたくぐらいだったのが、最近では内出血が見られるようになるまで叩いてしまうこともあります。
　私自身、専門家に相談に行ったのですが、効果は見られません。私がつけた娘のケガを見ると、良心がさいなまれます。どうかよいアドバイスをお願いします。

（先生へのアドバイス）

　内出血が見られるほど叩くことは、もう立派な虐待です。このままにしておくと、お母さんの娘さんへの暴力はエスカレートしていくだけです。子ども達の体に出来た不自然な内出血やケガを発見したら、「どうしたのか？」と一人になった時、誰にも気付かれないように聞いてあげましょう。親から受けた暴力は、とっても話しにくいものですから、やさしく自然に心が開くように話し掛けることが大切です。もしも、ケガなどが両親によって出来たものであれば，スクールカウンセラーや相談員の方にもお話して、両親にカウンセリングを勧めて下さい。必要に応じては児童相談所との連携も大切になります。

最近、若いお母さんたちの中で、虐待とまではいかないまでも、貴方のように子どもの勉強や習い事の練習を見てイライラして手をあげてしまう、という事例がとても多いようです。どうしてこのようなことになってしまうのでしょうか。「手をあげるのは良くないこと」と、勿論、十分に分かっているのに、ついイライラして叩くのはなぜでしょうか。
　両親から譲り受けた、怒りっぽい気質があるのかもしれません。しかしそれ以上に、勉強も習い事も「競争」を意識させられた子ども時代のご自分を、娘さんに投影していないでしょうか？
　なかなか上達しないピアノのことで、一番悩んでいるのは娘さんかもしれません。このままではピアノ嫌いになってしまうかもしれません。
　子育てに他のお子さんとの「競争」を意識する必要はありません。余裕の心や遊び心を大切に、娘さんのピアノも上手・下手に関係なく楽しみとして、ご自分の中で「ゆとりの心」を育ててみてはいかがでしょうか？
　「競争心」が取り除かれれば、手をあげることはなくなるはずです。そして、娘さんの少しずつの上達に、お気付きになることができると思います。

Q.2 小学生の我が子が憎い

　小学校にあがったばかりの娘が、最近憎くなってきました。顔を見たくなければ、声も聞きたくないほどです。今までのところ暴力をふるうといったような危害を与えてはいませんから、周囲からは「良いお母さん」と見られているようです。けれども実際は、自分の子どもばかりか、仲の良い親子を見るだけでもイライラしてきます。どうすればこの気持ちから逃れられるのでしょうか。

　A.2　どうしたのでしょうか？困りましたね。このままの状態だと、娘さんがお母さんの心の状態に気付き、「愛されていない」「否定されている」「憎しみを持たれている」と感じてしまい、不登校等、さまざまな状態像や症状が出てきます。そうならないためにも、カウンセリングを受けながら、自分自身の心の中にある「思い」や「気持ち」を発見していくことをお勧めします。ここでは、あり得るだろうことを想像しながらお答えしていきましょう。

　一例目。いつも傍にいてくれる優しいご主人、素直にいうことを聞いてくれる可愛い子ども。楽しい幸せな結婚生活を夢に見ていたのに現実は違っていた。来る日も来る日も、いつ帰ってくるか分からない亭主を待ち続け、子どもの世話に追われる毎日。そして気が付いてみると、いつの間にか、どこにでもいるただの「オバサン」になっていた。こんな自分を愛せないし認めたくない。でも毎日の生活は待ってくれない。

　子どもが小さい頃は、そんなこと考えたり思ったりする時間もありませんが、娘さんが小学生にあがるようになり、少し手が離れて

くると、自分のことをふと思う時間ができてきます。そんな時にこのような感情になることがあるのです。

　二例目。卒業後、憧れの素敵な仕事に就く事ができた。仕事は順調、自分自身の「自己実現」としての目標も見えてきた。優しい恋人もでき、自分の仕事も理解してくれて協力的だった。そして、二人は結婚。仕事も続けて、ますます楽しく暮らしていた。家事も二人で分担する理想的な結婚生活。長男である夫の「育児も平等に分担してやるから子どもを作ろう」という言葉を信じ、子どもを生む。しかし義父・義母は、生まれたのが女の子だと知ると「だめな嫁な！」という一声を残し産院を後にした。子どもを保育園に預けて仕事を続けるが、最初のうちは子育てを手伝っていた夫は、夜泣きが激しい娘に嫌気がさしたのか、「明日の仕事に差し障るといけないから」という言葉とともに別室で一人で寝るようになる。「私だって仕事しているのよ」という声には耳も貸してくれない。最終的に子育てと仕事の両立が不可能になり、やむなく仕事を辞める。夫は「子どもが大きくなれば職場に復帰すればよい」と言うが、今の日本の社会では、それはまだ難しい。「私の自己実現はどこにいってしまったのだろう」という思いが、子育て一段落の今、心によぎる。

　この二例は、実際に相談に見えた方々の代表的な事例です。このような思いは、子育てをしている方ならば、大なり小なり経験していることなのではないでしょうか。

　解決策はただ一つ、心の奥底にある不満や我慢してきたことを分析することです。このまま溜め込んでいたら、家族みんなが心の病気になってしまいます。ご自分の心を分析し、自分の不満なり、心の鬱積を、勇気を出してご主人に話してみてはいかがしょう。

　家族のコミュニケーションを十分にはかり、心の奥底にあるストレスを発散しましょう。それができたら新しい「生きがい」や趣味を積極的に見付けましょう。

Q.3 いつまでも実家の母に頼る私

　2歳の女の子の母親です。初めての子育てなのでとても不安で、どうしてよいのか分からないことがたくさんあります。

　けれども、夫は仕事が忙しく、早朝仕事に出て深夜に帰宅する毎日です。近所には知り合いもおりません。ですから身近に子育ての不安を相談できる人が誰もいません。そのため、ちょっと考えれば分かることも、すぐ実家の母親に頼ってしまい、何でも答えてくれる母に最近はすべて頼るようになってしまいました。

　私たち夫婦には「子どもはこう育てたい」というはっきりした考えもなく、母に頼りながら何となく子育てをしているというのが現状です。はたしてそれでよいものか心配です。ラジオで「子育て相談番組」を時々は聞くのですが、最近は母の意見以外はあまり信用できなくなってきています。もっと積極的に子育て仲間の中に入った方がよいのでしょうか。

A.3

　現代の日本では、母子家庭のような環境の核家族が増加しています。さらに少子化が進んでいることもあり、近所で子育て友達を見付けることもできず、親子ともに孤独の中で暮らすという状況も増えてきています。しかしこのような状態は、精神的にも良くないばかりか、子どもの社会性も育たない上、人間関係の技術も身に付きません。その点に関しては、貴方は相談相手に実母がいらっしゃるということで良いことだと思います。

　しかし、お子さんはそのうち、母親の考えや気持ちを求めてきます。そうなった時に、お母さんがお祖母ちゃんに全面的に頼っていると、その「子育て不安の心」はお子さんにも映し出されます。祖母に頼る母は「自分のない母」「頼りにならない母」であることにお子さんはそのうち気付きます。子どもは母親をモデルとして育ちます。そのモデルが「自分のない」「頼りにならない」モデルであったら、お子さんは当然混乱することになります。

　貴方がご自身の母親を乗り越えて精神的に大人になることが、子育ての大切な要素です。「自分はこう育てる」という意見よりも前に、「自分はこう生きる」「私たち夫婦はこういう家庭を作る」ということを、ご主人と共にゆっくり考えられてはいかがでしょうか。そして公的機関がやっている生涯学習の「子育て支援グループ」等に参加してそのお仲間に入られ、様々な人の意見を聞いて、さらに成長されてはいかがでしょうか。ご自身が精神的に大人になれば、自然とお祖母ちゃんの意見も客観的に見られるようになります。

Q.4 しつけと虐待の境目は？

　「しつけをするために罰を与えるのは良くない」と何かの本で読みました。本当にそうなのでしょうか？また罰を与えないしつけとは具体的にどのようなものなのでしょうか。

(先生へのアドバイス)

　ある保育園の先生からお聞きした話です。
　他人に迷惑や不快を与える子どもがいた。何度穏やかに言っても聞かないので、つい大きな声で注意したら、子どもが「先生どうしたの？」と不思議そうな顔をして言う。「どうしたのもないでしょう！」と今度はコブシを振りあげてみると、ぶるぶる震え出し怯えはじめた。子どもが落ち着いてからコブシを振り上げたことを先生が謝り、「君がみんなに迷惑をかけているから注意したのだよ」と言うと思いがけない返事が返ってきた。「注意って怒ることだよね」「先生が怒っているなんて思わなかった。お父さんとお母さんが怒ると、お話ではなくて僕を殴ったり蹴飛ばしたりするよ。だから先生が怒っているなんて思わなかった」「でも先生が突然僕にコブシをあげた時は、うちで殴られる時を思い出して怖かった」
　この子にとって「注意を受けたり」「怒られること」とは、言葉による叱責ではなく、親から暴力を受けることでしかなかったのです。ですから先生から言葉で注意されても、そのような経験がないから、まさか怒られているとは思わなかったのでしょう。
　「言葉での注意に応じない子や、ちょっとした暴力に異常にすくみ怯える子どもの場合は、陰に親による虐待が潜んでいるかもしれない」という認識が必要な時代になっているのかもしれません。

A.4　しつけとは「人間として日常生活を送っていくための礼儀作法」「周りの人々を不快にさせずに社会生活をする基本ルール」のことで、非常に大切なものです。しかし最近は「しつけ」が軽視されているのか、挨拶や礼儀作法のできない若者が増えているようです。

　赤ちゃんの時に、言葉で言っても分からないから、「やってはいけないこと」「危険を知らせること」を軽く叩くことで理解させます。その罰が次第にエスカレートしていって、懲らしめとしての懲罰に変わっていき、最終的には、他人の目の届かない核家族という密室で子どもを殺してしまうほどの虐待になる。このような現代の子育て事情はやはり異常なことです。

　愛玩動物としてのペットも、共同生活する関係上、排泄行為など最低限のしつけは大切です。言葉を共有できないペットには、人間が支配者であることを明確にするために、叩いたり懲罰を与えることで、支配構造を体で憶えさせしつけます。

　子どもとペット、どちらもしつけが必要であることは変わりませんが、その違いは明確です。第一に、子どもは愛玩動物ではなく、人格を持っている人間なのですから、親子の間では支配構造はないということです。第二に、子どもは親と共通の言葉を持っているということです。赤ちゃんは、言葉を十分には使えなくても、ニュアンスを聞き取ったり状況を感じ取る力を持っています。まして3歳児ともなれば、難しい言葉を使わなければ大体のことは分かります。しつけとして行ってよい罰は、危険を分からせるために軽く「だめよ」と手を払いのける範囲だと考えられます。何度か言っても分からない場合は、根気よく何度でも、落ち着かせて話し聞かせることです。それしか方法はありません。

　懲らしめのための懲罰はいけません。子どもの人格を傷つける行為になるからです。そして虐待は犯罪だという認識が必要です。

言葉ミニ知識① 《児童虐待》

　箸の持ち方、挨拶の仕方など、しつけのはずだったものが、いつの間にか熱が入りすぎて、なかなか上手に出来ない我が子ををなじる等の虐待に変わってしまう。ブレーキ役の第三者のいない、親子だけの環境で暮らす核家族には、この現象が非常に起こりやすいのです。

　そして、子どもに手をあげてしまう母親の多くが、ご主人による暴力を日常生活で受けている（DV）被害者でもあります。ストレスが家庭を崩壊させていくのだとしたら、とても悲しいことです。

　統計的に見ても、厚生省報告「虐待相談件数」によれば、平成5年度は1611件、平成12年度には18804件と、8年間で12倍近くになっています。その虐待のうち、実母によるものが61.6％、実父によるものが23.7％、合計85.3％で、多くの虐待が、血のつながりのある両親によって行われているのです。この中には、親の虐待のために子どもが亡くなるケースも含まれ、最近増える傾向にあります。

　そのため厚生省では、平成12年5月に「児童虐待の防止等に関する法律」を出しました。その中で児童虐待は次のように定義されています。

　「この法律において、「児童虐待」とは保護者（親権を行うもの、未成年者後見人その他の者で、児童を現に監護するものをいう。以下同じ）が、その監護する児童（18歳に満たないものをいう。以

下同じ）に対し、次にあげる行為をすることをいう。
1．児童の身体に外傷が生じ、又は生じるおそれのある暴力を加えること。
2．児童にわいせつな行為をすること又は児童をしてわいせつな行為をさせること。
3．児童の心身の正常な発達を妨げるような著しい減食又は長時間の放置その他の保護者としての監護を著しく怠ること。
4．児童に著しい心理的外傷を与える言動を行うこと（第二条）
　これらの児童に対する虐待は保護者だけでなく、誰でもが児童に対する虐待を禁じている。（第三条）」

　また、（児童虐待の早期発見）では、「学校の教職員、児童福祉施設の職員、医師、保健婦、弁護士、その他の児童の福祉に職務関係のあるものは、児童虐待を発見しやすい立場にあることを自覚し、児童虐待の早期発見に努めなければならない。（第五条）」「発見したものは速やかに通告のこと（第六条）」が義務づけられています。

Q.5 本の読み聞かせ

　欧米の経済的に余裕のある家庭では、子育ての一つとして、両親が子どもの就寝時に枕もとで本を読み聞かせている、という記事を最近の雑誌で読みました。
　子育て仲間のうちにも、子どもに本を読み聞かせているという家もあるようです。
　うちの子どもはまだ小さくて文字も読めないし、聞いた話を理解できるかもわからないし、普段は走り回って遊んでいるというような感じなので、「本の読み聞かせ」を楽しむにはまだ早いような気もしています。
　「本の読み聞かせ」にはどのような効果があり、子どもにどのような良い影響があるのか教えてください。またいつ頃から始めれば良いのか、さらにどんな本を選ぶのが良いのかも合わせてお願いします。

A.5

「本の読み聞かせ」は今とても流行していますね。雑誌では外国の家庭が取り上げられていたようですが、外国だけでなく日本でも、昔から一部の家庭では行われていたことです。

どのような効果があるのか、ということですが、「読み聞かせ」の効果についての科学的なデータを見たことはありません。とはいえ、本を通して親子の気持ちの交流ができるので、子どもの情緒的な安定や発達を促してくれるだろうことは、容易に想像できます。また、言語能力を発達させ、集中力を高める効果も期待できるのではないでしょうか。

本の選び方については、「特にこういう内容のものが良い」ということはなく、子どもの気持ちが豊かになり、楽しめるものを選ぶことがベストだと思います。お子さんと一緒に選ぶのも良いでしょう。

また始める時期も、早い時期からやっても、特に問題はないと思います。「子どもが何歳になったら」というよりも、親が「読み聞かせ」を負担に感じたり、それがストレスになったりしないように注意すべきです。せっかくお子さんと共に過ごせる時間なのですから、無理のない範囲で、親も楽しみながら、長く続ける事が大切だと思います。

今日からでも、ぜひお子さんと楽しんでやってみてはいかがでしょうか。

Q.6 反抗期をどう過ごすか－反抗期で大変！

　中学生になった息子は反抗期のようです。最近では、ちょっとしたことを注意しただけでも、「うるせぇー」と怒鳴ったり、むしの居所が悪いと、部屋の壁を殴ったり蹴飛ばしたりします。おかげで壁には大きな穴が開いてしまいました。

　こんな息子の行動が理解できず、何を考えているのか聞いても、親には口をきこうとさえしません。

　幸い今までのところ、人に対して暴力をふるうということはありませんが、「もし暴力をふるわれたら」と思うと怖くて、腫れ物に触るようにして、毎日をおくっています。

　反抗期にはどのように対応したら良いかコツを教えてください。

(反抗期の表われ方)

　思春期は反抗期の時期でもあります。反抗期を通して、精神的にも体の面でも、子どもから大人へと成長していきます。

　しかしその表われ方には、かなりの個人差があります。親に対して反抗が目立つ場合と目立たない場合（内面では反発している）があります。

　子どもの性格・育ち方・親子関係のあり方などによって、反抗期の表われ方に差異が生じてくると考えてよいでしょう。

A.6

　反抗期で親への反抗が激しいお子さんをお持ちのお母さんの中には、同じような思いをしていらっしゃる方が多いと思います。
　ある中学生に「小学校の時と比べて気持ちの上で変わったことはどんなことですか」と質問すると、「石ころを見てもイライラすることがある」という答えが返ってきました。
　常に理由なくイライラする自分がいる。思春期はそんな感情を押えつけながら日常生活を送っていますが、甘えられる・信頼できる対象の人には理由なき感情をついぶつけてしまい、後になって「しまった！あんなこと言わなければ良かった」という自己嫌悪が起こり、さらに自分に腹を立ててしまう、そんなことを繰り返しています。
　この「甘え」や「信頼感・時には支配感」は、母親に対して最も強く起こります。そのため、この相談者のように、子どもは口をきこうとしません。口をきいても、「小遣いよこせ！」「飯早くしろよー！」「うるせー！」の三種類ぐらいがせいぜいで、基本形は「○○よこせー！」とか「○○しろ！」などの命令形です。こんな子どもの態度や言葉づかいを、親がむきになって直そうと注意しても、反抗期にはほとんど効果はありません。
　反抗期の子を持つ親としては、対応の線引きをしっかり付ければ、気持ちの上でも楽になります。線引きのポイントは、
①小学生扱いしない。中学生として許せる範囲を拡げる。その分、責任も生じることを、日頃から理解させておく。
②「非社会的」なことは認める（家族旅行や外食等に「行く」「行かない」は本人の意思を尊重する）。「反社会的な行動（法律に触れる行為）」に対しては、両親で協力し合い絶対に許さない姿勢が大切です。
　いずれにしろ、18歳位になれば落ち着いてきます。

Q.7 反抗期をどう過ごすか―反抗期のない息子

　中２の息子には反抗期がありません。親の言うことはよく聞いてくれますし、こちらから聞かなくても、学校であったことも、よく話してくれます。
　他の中学生のお母さんから「反抗期で大変！」ということをよくお聞きしますが、うちの息子にそのようなことが起こるなどとは想像すらできません。
　しかし一方、これから反動がきて、手が付けられなくなったらどうしようとも思います。どうしたらよいでしょうか。

（反抗期の表われ方）

　思春期は反抗期の時期でもあります。反抗期を通して、精神的にも体の面でも、子どもから大人へと成長していきます。
　しかしその表われ方には、かなりの個人差があります。親に対して反抗が目立つ場合と目立たない場合（内面では反発している）があります。
　子どもの性格・育ち方・親子関係のあり方などによって、反抗期の表われ方に差異が生じてくると考えてよいでしょう。

A.7

反抗期が周りから見てよく分からない場合、反抗期が実際に表れない場合と、反抗期が目には見えないだけの場合とがあります。

何らかの影響で精神的な成長が見られずに児童期で止まっている場合や、親からの愛情が与えられずに信頼感や親愛感が持てない場合に反抗期が表れないことがありますが、これらのことはこの相談者には該当しません。反抗が目には見えないタイプなのかもしれません。

以前ある母親から相談を受けました。「家の娘は中学生ですが、反抗期がないのです。心配になり、いけないとは思いながら、娘の日記を読んでしまったのです。その中には、お母さんは糠味噌臭いだの、いつもだらしない格好をしているから恥ずかしいといったような私の悪口が、毎日のように書かれていました。そして、みっともないから早く死んで欲しいとも。普段は親には一切反抗せず、とてもよく勉強や手伝いをする自慢の娘なのですが、今は娘に否定された感じがして、これからどうしたらよいのか分かりません」。

娘さんは、少女漫画に出てくるような、きれいなドレスをいつも着ている、生活臭の全くない母親が、理想の母親像だと思っていました。しかし実際の母親は違う（当たり前のことですが）ことに反発感があり、現実はお利口さん、理想は夢の少女漫画の中に生きているのでしょう。これらの現実と夢の間にあるのが日記帳で、その中で精一杯の反抗を母親にしていたのです。

今回の相談も、これに近いことではないでしょうか。「そのうち反動が来て手が付けられなくなるのでは」ということは、先取り不安だと思いますよ。

Q.8 不良言葉・コギャル言葉

　高校生の娘が「チョーむかつく」「ざけんじゃねえ」などといった汚い言葉を日常的に使っています。
　けんかをして口論しているのかとも思ったのですが、そうではないようで、通常の会話がこのような感じで、友達にも親にも常にこの調子なのです。
　悪い友達ができたのではないか、非行に走ってしまうのではないかと心配です。
　どのように対応すれば良いのでしょうか。

A.8

　中学や高校の生活指導担当の先生は、「生徒の生活態度は服装・言葉づかいに表われる」とよく言います。しかし、最近はそうとも言えなくなってきているのではないでしょうか。

　「チョームカツク」「チョーダサイ」などの「チョー○○」はハヤリ言葉です。最初のうちは、それを使うのがカッコいいことだと感じ、使わないとダサイ奴と思われそうで、それが嫌で使っているうちに、いつの間にか自分の言葉（無意識に使う）になってしまうのでしょう。これらの言葉は、仲間内で使っている間に使う人が多くなり、ＴＶやラジオの深夜放送で芸能人が使ったりしていると、たちまち全国版になってしまうようですね。

　ルーズソックスや茶髪の流行も同じではないでしょうか。ルーズソックスを履いたり茶髪にしたりすると、それがまだ流行っていない最初のうちは、そういうことをするのは「不良」だと思われていました。しかし誰もが同じ格好をし始め、みんなが「ルーズソックス」「茶髪」を始めると、そうともいえなくなってしまうのが今の若者たちではないでしょうか。

　娘さんについては、それほど心配なさる必要はないと思います。流行は、いつの時代にも、大人の価値観を揺さぶるものですね。

2．子どもの友人関係

Q.9 友達から頻繁にものをもらう 友達に頻繁にものをあげる

●ものをもらう

　学校でアイドルのカードがはやっています。娘にはお小遣いを渡していないのに、家にカードが30枚ほどありました。問い質すとお友だちからもらったことがわかりました。

　1枚30円ほどで高価なものではないのですが、何のためらいもなくものをもらうことは、あまり良いことだとは思えません。しかしそのカードの交換が今の遊びの主流で、それを持っていないと遊びの中に入れないと聞いたこともあります。

　お金を使わないと遊べない、またむやみにものをもらう・あげるというのは、子どもの金銭感覚を育てる上で、どのように対処すればよいものでしょうか？

●ものをあげる

　娘は人にものをあげるのがとても好きで、止めなければ自分のものをすべて人にあげてしまいそうな勢いです。「ものでつなぎとめた友達なんてすぐにいなくなるよ」といってもやめません。

　何でそういうことをするのでしょうか。親はどうすればよいのでしょうか。

A.9

　プレゼント交換は誰でも楽しいものです。そんな感覚で子ども達はカード交換を楽しんでいるのでしょう。子ども達のお小遣いの範囲で楽しむことは、お母さんに認めて欲しいと思います。しかしそれが度を過ぎて、万引き騒ぎ等に発展することもありますから、時にはお母さんも仲間に入ってみることも大切でしょう。

　ものでつなぎとめる友人関係なんて悲しいことですよね。いつの時代から、子どもの「遊びの世界」に大人の消費経済社会が入ってきたのでしょうか。高度経済社会の時のＴＶゲームブーム、アニメブームあたりからでしょうか。

　子ども達に消費刺激を与え、経済社会に巻き込み、子ども達の人間関係にまでそれらが影響を及ぼしていくことは、教育的には困ったことだと思います。しかし今後、日本経済の輸出品としての一つの柱を担っていくと思われるのが、アニメーション・コンピューゲーム等だそうです。ですから、嫌なことでしょうが、今後ますます子ども達が経済社会に巻き込まれていくことが予想されます。

　これらの社会全体の風潮に立ち向かうためにはどうすれば良いのか、私にも分かりません。素朴な昔からの伝統的な手作りのお手玉、あやとり、竹とんぼ等の復活は望むべくもなく、缶けり、鬼ごっこ等でさえ、自由に遊べる空地もなくなった現在では大変難しいことになっています。近所に子ども達が少なくなり、異年齢の子ども達と一緒に遊ぶこともめったになくなりました。

　かつてのような「子どもの遊びの世界」を取り戻すためには、大人たちに変に管理されることなく、子どもたちが自由な発想で遊べる地域センター等を作り、それらの発展を通じて、遊びの中から人間関係を育むような活動が活発になることが非常に大切なことだと思います。

Q.10 子どもがいじめられているようで不安

　小学5年生になる息子の様子が最近変なのです。
　以前はよく友達の家に遊びに行ったり、家に来てもらったりして、大勢の友達と仲良く遊んでいたのですが、二学期に入ってからは誰とも遊ばない日が続いています。
　あまりに一人でいることが多い息子に「たまには友達と遊んだら？」と私が言っても、「誘ってもみんな忙しいから断られる」と言います。「みんな何でそんなに忙しいの？」と聞くと「分からない」と答えます。
　母親としては、息子が仲間外れにされているのではと心配です。もし本当にいじめられているとしたら、親としてどのように対応すればよいのでしょうか。

A.10

　自分の子どもが友達に「シカト」や「無視」をされているとしたら、心穏やかには暮らせませんね。何とかしなくては、とはやる気持ちは分かりますが、まずは心を落ち着けて、情報を集めることから始めましょう。決して親の感情だけで子どもの気持ちそっちのけで先回りしては行けません。一番辛いのは子ども自身なのですから、それを忘れないようにしましょう。もし「いじめ」がある場合、親の早まった行動が「いじめ」をさらに悪化させることがよくありますので、細心の注意が必要です。

　「いじめ」対策の情報集めには、次のようなものがあります。

①子どもの体にアザや不自然なケガはないか。

②子どもの感情変化として、落ち込み、元気のなさ、精神的不安定、無気力、疲労感などがないか。理由が不明確で学校に行きたがらないことはないか。

③親同士がよく知っているクラスの友達のお母さんから様子を聞いてみる。

④学校の先生に家での子どもの状態を話して、学校での様子を聞いてみる。

⑤最後に子どもから直接話を聞いてみる。子ども自身が「いじめ」があると認めれば、加害者の子どもが認めなくても、「いじめ」としての認識が必要。子どもが「別に何もない」と言っても、上記①～④の情報集めは子どもの状況が変化するまでは続ける。

⑥「いじめ」がある時は、学校の先生にも改めて相談して、「いじめ」がなくなるまで相談体制としての連携を図っていく。

　これを参考に対応してみてはいかがでしょうか。

Q.11 友達は暴走族？

　高校に入学した息子が、友達として親しくしている子がいます。その子は暴走族に入っている子のようです。
　最近、帰宅時間も遅いので、息子がその子に誘われて暴走族に入ってしまうのではないかと心配です。
　そのような友人とつき合うのは止めて欲しいのですが、どうすればよいのでしょうか。

A.11

　お母さんからのご相談から想像する限り、「親しくしている」とありますから、暴走族（？）の子に無理やり付き合わされている、というようには感じられないのですがいかがでしょうか？

　おそらく、息子さんにも、その子と友達になりたいという意思や気持ちもあるのだと思います。ですから無理やり切り離しても、息子さんの反発を買うだけになってしまいます。

　それよりも、息子さんが、なぜその子に惹かれるのか考えてあげて下さい。その子の持っている反抗性・強さあるいはやさしさに惹かれるのかもしれません。それらを他の人で補う事ができれば、自然と離れることが出来るかもしれません。

　また、今まで直接的な被害（暴力や金銭面）を友達から受けてないのならば、友達は暴走族ではなくて、単なるバイク好きなのかもしれませんね。二人とも共通の趣味がバイクなのかもしれないので、何をしているのか、それとなく調べることも必要ですね。

3. 社会・環境

Q.12 子どものストレス

　ある行政調査によると、「小学生の5人に1人が友達といると疲れると答え」「人は信用できないと答えた子どもが全体の2割以上にのぼる」と新聞記事にありました。

　最近、普通の子が些細なことでキレてしまい、大きな事件を起こすという「子どもの事件」をよく聞きます。新聞等では、「ストレスを上手に発散することができずに溜め込んでしまい大きな事件を起こす」と解説されていました。

　今の子ども達は、どんなことをストレスに感じるのか、またどうしたら上手に発散できるのか、自分の子どもが事件を起こさないように予防するにはどうしたらよいのか教えてください。

A.12

　この調査を見て、臨床の現場からも「そうだろうなあ」と実感します。「他人といると疲れる」「人は信用できない」ということと、「小さなことでキレる」「子どもの事件」との因果関係は解明されていません（78P参照）が、何らかのつながりがありそうですね。

　「他人といると疲れる」は、学校で同学年の人といると何となく気疲れがする、という感じでしょうね。周りの人に合わせることに気を遣いながら学校生活を送っている、おとなしい、控えめな、真面目な子ども達はよく口にする言葉です。「人は信用できない」は、本当に信用しても大丈夫なのかな、というような先取り不安を含めての対人不安が強いことから出てくる言葉なのだと思います。

　今を生きる子ども達の心には、このような人間関係からくる「何となく不安な気分」が漂っています。では、どのような子どもが

「何となく不安な気分」にかられやすいのか考えてみましょう。
　まず１番目に考えられるのは、持って生まれた「気質」として、おとなしい・まじめな・内向的な・やさしい性格の子どもです。２番目は「情緒的な安定の度合い」が低い子どもです。繊細で「あんなこと言われて傷つかないのだろうか」と、自分以外の周りの人のことまでをも考えて疲れ果ててしまう子どももいるのです。３番目は、人間関係の「体験・経験不足」の子どもです。少子化社会の影響で、遊びを通した人間関係を十分に育む事がないまま小学生になってしまったことが、影響を及ぼしていることがあります。
　このような子ども達は、周囲の現代っ子の、独特でハイテンションでストレスを吐き出すような（話の内容がどんどん変わる）会話に疲れてしまいます。気質からくる内的要因と、周囲の会話という外的要因によりストレスが重なっていくのです。
　そんな時お母さんは、子どもを落ち着かせて、ゆったりとした気持ちで話を聞いてあげましょう。善悪の判断よりも、子どもの気持ちや思いを、まずは聞いてあげて下さい。そして気持ちに共感したら、「そうだね！辛いね！」というように、親も感情を言葉や体で表現して子どもに返してください。勿論、オーバーな表現よりもアイ・コンタクトの方が気持ちが伝わることもあります。
　また話の内容でよく理解できないところがあれば、詳しく聞いてみましょう。まとまらなかった話も、詳しく話しているうちに子どもの中で自然に整理されることもあります。それだけで子ども自身が納得できることも多いはずです。
　このような親子の対話を繰り返す事で、子どもは感情表現の仕方、話し方などのコミュニケーションの技術を獲得していくはずです。それらの人間関係の技術が身に付くと、ストレスを上手に発散できるようになり、生きにくい世の中でも少しは生きやすくなるかもしれません。

Q.13 コンピュータの影響

　中学生の息子は学校から帰宅すると、食事やお風呂以外は寝るまでパソコンをやっています。最初はすぐに飽きるだろうとタカをくくっていましたが、パソコンゲーム、チャット、メール、インターネットと次々に始め、今では自分のホームページを開くまでになってそれに夢中です。

　勉強も心配なのですが、それ以上に思春期の多感な時期にバーチャルな世界にだけ浸っていると、現実の世界での他人とのコミュニケーション能力が十分に育たなくなってしまうのではないかと危惧しています。今さらパソコンを取り上げるわけにもいかず困っています。コンピュータが子どもに与える影響には、どのようなものがあるのでしょう。

A.13

　コンピュータが家庭に本格的に入ってきてから、5年くらいしかたっていないので、その影響はまだよく分かっていないのではないでしょうか。また、コンピュータが関係するテクノストレスの研究も、現在まだ始まったばかりです。

　かつてその影響が論じられたTVゲームの例を参考に考えてみることにしましょう。パソコンよりも歴史が長いTVゲームは、どのような影響を子ども達に及ぼしたのでしょうか。

　TVゲームは、インターネットやメールといった世界のあるパソコンよりも、バーチャルの度合いが高いと言えます。TVゲームが子ども達の世界に入ってくると、子ども達の遊びはTVゲームが中心となりました。その主流は、二人で遊ぶ対戦ゲームではなく、自

分が好きな時に好きなだけできる一人遊びです。ＴＶゲームのバーチャルの世界では、相手を殴る・蹴る・殺すこともできます。また恋もできれば、電車や飛行機なども操縦できます。自分のやりたい様々なことが、好きな時に好きなだけバーチャル体験できるのです。

　問題なのは「現実社会」と「バーチャルの世界」の区別がしっかりできているかどうかです。現実社会では、周りに人間がいる限り、自分の行動によって、様々な影響が他の人に及びます。その点、ゲームの中のバーチャル世界では、たとえ主人公（自分）や相手が死んでしまったとしても、何回でもリセットしてやり直せます。

　子ども達は、「肉体的苦痛や快楽が伴わないから、これはバーチャルな出来事だ」という認識はできます。しかし思考の上では、現実なのかバーチャルなのかは区別できにくのです。大人になった人達は、様々な現実社会での体験を通して経験的に理解できますが、生活経験のまだ少ない子ども達の脳には、判断が付きにくいのです。ですから、ＴＶゲームに没頭する子ども達が、バーチャル世界と現実社会とがあいまいになった結果、少年による凶悪犯罪の頻発ということに結びついたとも考えられます。これはバーチャル世界を体験できるアニメ、ホラービデオ・映画などでも同じですが、ＴＶゲーム・パソコンゲームは、見ているだけでなくゲームに参加するので、より積極的に脳が刺激されるため、影響力も大きいのではないか思います。

　ただ、このご相談の息子さんの場合は、学校に行くという現実社会にも生きているので、あまり神経質にならない方が良いと思います。ひきこもってしまい、現実逃避としてパソコンゲームをやっているなら問題は別ですが。

Q.14 メールに夢中の娘

　高校生の娘は、学校から帰ってくるとすぐに自室にこもり、夕食やお風呂以外は部屋から出てきません。どうやら、高校に入ってから買い与えた携帯で、メールのやり取りをしている様子です。
　親としては、友達と遊びに行ったり、部活に夢中になったりして、充実した高校生活を送って欲しいと思っています。メールだけの交友関係というものにも不安を覚えます。
　どうしたら良いのでしょうか？

A.14

　男子はＴＶゲーム・パソコンゲームにはまりこんでいる人が多いのに対し、女子はメール人気が高いようですね。
　昔は、女の子が部屋に電話を持ちこんで長電話をして、ご両親に叱られる、なんていうこともよく聞きました。今は多くの女の子が携帯電話を持っています。携帯電話で話をすると通話料が高くなってしまうけれど、メールならそんなにお金もかからないということも影響して、メールの人気が高いのかもしれません。何でもないちょっとしたことを、絵文字を入れたりして友達にメールで送ると、すぐにメールの返事が返ってくるという、双方向性と同時性がたまらないのでしょうね。
　メールの相手が、クラスの友達とか中学時代の友達のように、実際にその相手が確認できる人ならば、あまり心配はいらないと思います。しかし、出会い系サイトで知り合った不特定多数の異性（男性はお金がかかるので社会人が多い）だと注意が必要だと思います。出会い系サイトでは、女の子（学生が中心）は友達を求め、男はセックスを目的として女の子を探すというようなことが多く、そのズレから事件に発展することもあります。女の子が、「バーチャルの世界だけ」とはじめは思っていても、メールのやり取りをしている中で、知らないうちに親密な気持ちが忍び込み、いつの間にか「恋に恋する感情」が芽生え、相手が理想の男性に思えてくる。そして男性の執拗な誘いに負けて実際にデートする、というパターンが多いようです。
　親としてはメル友が誰なのか知っている必要はあると思います。そしてそれが出会い系サイトの人だったら、親子でよく話し合いましょう。

Q.15 R指定映画

　「バトル・ロワイヤル」という映画がＲ１５指定されました。映画の暴力シーンが子ども達に悪影響を及ぼす可能性があるというのが理由だそうですが、子どもに過激な暴力シーンは見せない方が良いのでしょうか。

　うちの子どもは小さい頃から「仮面ライダー」などの戦闘物が好きでよく見ています。ＴＶゲームでも過激なものが好きです。ＰＴＡでは、暴力的な内容の映画やＴＶゲームは良くないと言っています。

　何でも自由に見られる時代、親としては子どもに見せる許容範囲をどれくらいにしたらよいか迷ってます。

A.15 親としての許容範囲の問題は大変難しいですね。「暴力シーンは見るな！」と禁止したとしても、情報化社会の今日では、ＴＶニュースを見ても戦闘の場面は流れるし、虐殺の写真は移るし、といった状況です。子どもに見せたくはありませんが、防ぎようなく、残酷な映像が家庭に入ってきます。事前にチェックするわけにもいきません。

　ＴＶゲームにしても、子どもが購入するときは「どんなゲームなの」と聞くことはできますが、友達から借りたりする時もありますし、またコンピュータゲームの場合はダウンロードできますので、やはり防ぎようがありません。

　暴力的な映像などは、家庭で防衛するというより、やはり社会全体で規制されなければならないことではないでしょうか。しかしそれも、アニメやＴＶゲームが日本の経済構造を支え始めている現代では、難しいことでもあるかもしれませんね。

Q.16 ブランド品を欲しがる
派手な目立つファッションをしたがる
携帯電話の購入

●ブランド品を欲しがる

娘がブランド物のバッグや洋服を欲しがります。「みんな持っているから欲しい」と言いますが、子どもの頃からそんな高価な、分不相応なものを買い与えるということには抵抗があります。どのように対応すればよいでしょうか。

●派手な目立つファッションをしたがる

高校生の娘は友達と遊びに行くときに、薄化粧して、派手な目立つ服装をして出かけて行きます。そんな格好で街に出ては危ない目に遭うのではないかと心配です。

年相応の格好をして欲しいのですが、どのように言えば分かってもらえるでしょうか。

●携帯電話の購入

高校生の娘が勝手に携帯電話を買ってしまいました。アルバイトをしているので、電話代は自分で出すと言っていますが、必要もないのに長電話をしたり、メールを送ったりして、無駄遣いすることになるのでは、と心配しています。どのように対応すればよいのでしょうか。

A.16 三つとも、高校生の娘さんを持つお母さんからの質問です。どれも現在の消費経済社会がもたらした問題ですね。

ティーンズ雑誌を見ても、ブランド品で溢れています。ＴＶコマーシャルでも、娘さんと同じような年齢のタレントさんが、薄化粧してブランドファッションできめて、携帯のコマーシャルをしています。そんな姿が、嫌というほどＴＶで流されれば、若い人でなくても巻き込まれそうですね。

地方の高校生が、修学旅行で大都会に来た時に、旅行の土産として自分の着るブランド品を買いあさるという現象が、どこでも見られるようになっています。繁華街では、化粧をした高校生が携帯電話で話をしながら歩いています。

そんな中、子どもに「買うな！」「着るな！」「するな！」「使うな！」と禁止用語だけを連発してみても、「みんなやってるよ」「私だけやらなければ、ダサイと言われて、仲間外れにされちゃうよ」「自分のバイト代で払ってるのだから、いちいち文句言わないでよ！」と反発を招くだけです。そうかといって、何も言わずに好きなようにさせていたら、お小遣いが破産するか、良からぬバイトに走るか、万引きか、どれかの道が待っているだけでしょう。

過去の道徳観念が崩壊しつつある現代の子育てには、正解がありません。親は、子どもが起こす様々な問題に対して「親の立場の主張」を繰り返して下さい。子どもから逃げずに、自分自身の考えや価値観を子ども達にぶつけ、真剣に話し合う場が必要な時が来ています。子ども達を救うためにも、お父さん、お母さんが、子ども達に起こる一つ一つの問題に対して、丁寧に、子どもの気持ちを受け止めながら、感情的にならずに、結論が見えるまで話し合って下さい。子ども達もそれを望んでいますよ。

Q.17 アルバイトを許可する条件

　子どもが「アルバイトをしたい」と言い出しました。欲しいものを自分で働いたお金で買いたいから、というのが理由のようです。
　それは確かに良いことだと思いますが、子どもの頃から自由にお金が使えるようになると、環境によっては悪いことを覚えるのではないかという心配もあります。そんなこともあり、アルバイトをさせたものか悩んでいます。
　アルバイトを許可するならば、どのようなことに気を付ければ良いでしょうか。

A.17

　アルバイトをすると、子どもの頃から自由にお金が使えるようになって、悪いことを覚えるのではないかというお母さんの心配も、確かにうなずけます。
　物があふれ、物的には恵まれた生活をしてきた今の子ども達は、その分「物を大切にしない」「経済感覚のマヒした」子ども達でもあるのです。そんな子ども達ですが、子どもによっては、アルバイトをしたことによって、お金を稼ぐことの大変さを感じ取り、無駄遣いをしなくなる場合もあります。また、現実社会に出ることで、人間関係の大切さや礼儀作法を習うことになる場合もありますから、兄弟が少なく核家族という家では、むしろ積極的にアルバイトをやった方が、人間として成長できるかもしれません。
　しかし、どんなアルバイトでも良いとは思いません。最低限の基準は家庭でも作っておきましょう。
　ここでは私の考える「高校生のアルバイト先を選ぶ最低限の基準」をあげておきます。

①時給の額よりも仕事内容で選ぶ。
　　水商売はダメ、違法な仕事はしない、仕事内容のはっきりとしたものを選ぶなど。
②アルバイトの雇い主や責任者の明確な店・会社を選ぶ。
③学校の勉強にさしさわるような時間帯や、勉強の妨げになる仕事内容のものはしない
④危険な仕事内容を伴うものはしない。

　以上4つは高校生がアルバイトをする際の最低条件だと考えています。

Q.18 親が留守をすると男を家に連れ込む高校生の娘 息子の鞄の中からコンドームが！

●高校生の娘

親が親類の家などに用事があって泊まりに行き、娘を一人残して留守にすると、ボーイフレンドを連れて来てそのまま自分の部屋に泊めているようです。

それを知った父親は、驚きを通り越し、家はホテルではないと怒っています。娘に聞くと、クラスの女子の間では特別なことではなく、みんなやっていると言うのです。誰でもチャンスがあればやっていると全く反省の様子が見られません。避妊はしているから大丈夫だとまで言います。

母親としてこれからどうしてよいか分かりません。どうしたらよいでしょうか。

●高校生の息子

高校生になる息子の鞄の中から、箱に入ったコンドームが出てきました。いくつかは使っているみたいです。相手が誰なのかも分かりません。

息子はともかく、相手の娘さんを傷つけないか、とても心配です。どうしたらよいでしょうか？

A.18 こうしましょう！こうしましょう！

困りましたね。一昔前なら、オヤジが娘のボーイフレンドを呼び出して、どういうつもりなのか説教して、ボーイフレンドが煮えきらない態度だと張り倒して、娘を勘当するぐらいのことをしたものですが、今の時代はそうもいかず、どうしたら良いのでしょうね。昔のオヤジの腹の中は、娘を勘当して、タテマエの上では親は認めないが、若い二人で幸せになれ、という粋な計らいだったのでしょう。それだけ生娘の性は重かったのでしょう。

その点、今の若者の性は「愛情よりも欲求」「何となく寂しかったから」と、空気のように軽いのです。だからオヤジも、ボーイフレンドを張り倒すことは勿論のこと、説教することもなかなかできません。さらに、娘を勘当なんて、死んでもできません。娘もボーイフレンドも命がけの恋心などなく、親に対しての罪悪観もないのですから。困った世の中ですね。

どちらのご相談も、「世の中の時代の風潮がたとえそうでも、うちはそんなことは認めない」という、毅然とした親の態度が必要です。その根拠は「愛情を主体とした性」が基本だということです。そのために親ができることは、娘さんや息子さんとともに、「本当の愛情とは何か」を真剣に一緒に考えること、心からの愛情を子どもに注ぐことです。

娘さん・息子さんに、両親の本物の愛情が伝わった時、子ども達は本当の愛に気付くと思います。

Q.19 アダルトサイトばかり見る息子

　進学した高校で、勉強に必要だからと購入を勧められたこともあり、高校生になった息子にパソコンを買い与えました。勉強するのに不自由がないようにと考え、インターネットも２４時間使えるようにＮＴＴとも契約しました。

　しかし、確かに勉強にも使っているようですけれども、主人によれば、ほとんど自分の部屋でアダルトサイトを見ているそうです。そう言う主人は「男だからしょうがない。別に有料サイトを見ているのではないのだから、放っておけ」と言います。

　主人は何の問題も感じていないようですが、母親としては、まだ16才になったばかりの息子が、18才未満は禁止のものを見て良いわけはない、と思います。しかし、学校に必要なパソコンを取り上げるわけにもいかず、かといってパソコンがあれば、息子が見ようと思えばいつでもアダルトサイトを見ることができます。どうしたら良いのでしょうか。

A.19

　コンピュータは、勉強や仕事だけに使われるものではありません。様々な情報を調べ、整理することができます。

　お母さんが「今晩のおかずは、今流行の沖縄料理に挑戦してみよう」と思い付き、料理名を入れ検索してみる。するとレシピや完成写真がたくさん出てきます。お母さんにとっても便利なものでしょう？つまりコンピュータは情報の家電製品とも言えるのです。

　息子さんにアダルトサイトを見せたくないからといって、パソコンを取り上げたりする必要は全くありません。「お母さんもコンピュータをやりたいからリビングに置こうよ。そしたら家族で使えるでしょ」と提案して、コンピュータを息子さんの部屋からリビングに移せば良いのです。

　思春期の男の子は、性に対する憧れ・好奇心・強い欲求がありますが、それと同時に羞恥心も強いですから、家族がいるリビングにパソコンがあれば、アダルトサイトは見なくなりますよ。

　学校から言われたものは、すべて学習に使うものだから、子ども部屋に置く、という発想ではなくて、コンピュータは情報家電だから、みんなで使うためにリビングに置く、という考え方の方が良いのではないでしょうか。

4．問題行動

Q.20 小学生の万引き

　先日、遊びに行った子どもが、泣きながら帰って来ました。いくら理由を聞いても答えず、あらかた友達とけんかをしたのだろうぐらいに思っていました。

　しかし、近所のスーパーに行った際に、店長さんに、息子がお菓子を万引きしたということを聞かされました。

　帰ってから息子に問い質すと、万引きを認めました。何でそんなことをしたのかと聞くと、上級生の泥棒ごっこの話を聞いて面白そうだと思ったのと、お菓子が欲しかったのとが理由だと答えました。

　特に不自由はさせてないはずなのに、まさかという気持ちです。どのように対処すればよろしいでしょうか。

A.20

　初めての「子どもさんの万引き」という状況に遭遇して、「まさか、うちの子が」と一番ショックを受けているのは、お母さんではないでしょうか。
　けんかをしたり、いじわるをしたぐらいならば、それほどのショックはないのですが、万引きとなると「そんな犯罪行為をするとは思わなかった」「うちの子は盗癖があるのではないか」「このまま犯罪者になるのではないか」と先取り不安が起こり、大きなショックを受けるのです。けれども、お母さんのショックが続いたままで対応しても、ろくな結果は出ません。
　まず、お母さんの心をクールダウンして下さい。
　初めての万引きは、子どもにとっては「犯罪行為」というよりも、「遊びの延長」と、単純にお菓子や玩具が欲しくてたまらなくなっちゃったという「出来心」であることがほとんどです。そのため、子どもを責めるだけでは「何でそんなに怒っているのかなあ」と子どもは不思議に思うばかりで、効果はありません。
　「万引きは社会的に許されない」という自覚を子どもに植え付けるためにも、親子で一緒に万引きしたスーパーに行き、本人の口から責任者の方へ謝罪を入れさせましょう。その時に、親も一緒に謝ることが大切です。その行動により、「自分が悪いことをした」という自覚が育ち、「やってはいけないこと」「ゆるされないこと」が分かるはずです。
　子どもの万引き。そんなことがもし起きてしまったら、観念より行動で理解させましょう。

Q.21 中学生の息子が先輩から金銭を要求されている

　現在中学生の息子のことです。同じ中学を卒業した先輩から「お金を持ってこい」と要求されていることが、最近分かりました。断ると呼び出され殴られると言います。息子は「先生や警察に言うと、集団でリンチを受けるから言わないで欲しい」と言います。その先輩は暴走族とつながりがあるようです。
　どのように対処すればよいのでしょうか。

A.21

息子さんが大きな被害に遭う前に、よく話を聞き出すことが出来ましたね！

このような恐喝事件は昔からよくあった手口です。

親に相談できずに追い詰められ、家のお金を持ち出して渡してしまう。そうしているうちに、次第に要求金額が大きくなり、そう家からお金を持ち出すことができなってしまう。お金をどうしようかとさんざん悩んだ結果、最終的には自分が加害者になり後輩を恐喝してお金を巻き上げ、それを先輩に渡すという最悪の玉突き現象に陥っている子ども達が、全国には数多くいます。

それらの悪の連鎖を断ち切るためには、勇気を出して警察に相談することが一番良いやり方です。

もし復讐されるのが怖い場合は、事実をすべて話して、復讐されることがとても心配であることを言いましょう。警察はプロですから、もちろん匿名で捜査してくれますし、万が一危険が予測される時には警備もしてくれます。

暴走族や上部団体と繋がっている場合は、素人だけでは絶対に解決はしません。大きな被害に発展する前に、必ず警察に相談をしましょう。

言葉ミニ知識② 《最近の少年による凶悪犯罪》

　現在、少年非行は戦後第4のピークを迎えています。今の少年非行は、かつてない凶悪・粗暴な犯罪が増加傾向にあり、犯人の集団化や、ごく普通の子による「いきなり型」が目立ってきています。また暴力行為の発生件数は文部省の調査によれば年々増加しており、平成11年度の学校内における暴力行為の発生件数は31,055件と過去最多になっています。

　戦後少年犯罪4つのピークを整理してみると、
●第1のピーク（昭和26年）
　終戦直後の社会秩序の乱れや経済的困窮等の社会混乱を背景とする非行。「店からパン等の食料を盗み、生きのびるといった生きるための非行」。
●第2のピーク（昭和39年・東京オリンピック・新幹線の開通・首都高・東名・名神高速の開通）
　戦後のベビーブームの世代（団塊の世代）が思春期を迎え、高度経済成長や都市化を背景とする暴力的・反社会的非行。「バイク・自動車を盗み仲間と遊びに使う等の遊興型非行」。
●第3のピーク（昭和58年）
　高度経済成長により高度消費社会や管理社会が形成され、学歴社会の一般化が進み、受験競争が激化。それらを背景とした、万引きや自転車窃盗などの初発型非行や、校内暴力、シンナー等の乱用や暴走行為などの非行。「受験ストレス、内申などによる、学校による子ども達の管理化に対する暴発型非行」。

●第4のピーク（平成12年から現在）
　バブル崩壊後の経済不況、政治不信、大人社会に対する信頼感の喪失の時代、普通の子（過去に犯罪歴・検挙歴・補導歴のない子）による「いきなり型」。凶悪事件の連続発生、犯行の意図・目的が理解しにくいケースが多い。「ストレスをコントロール出来なくなり存在を自己証明するかのような非行」。
　となっています。
（参考文献：文部科学省「少年の問題行動に関する調査研究協力者会議」心と行動のネットワーク、平成13年4月）

　第4のピークを迎えた少年犯罪は、第1のピークのような「生き延びるための」非行でもなく、第2のピークのような「単なる悪ふざけが度を越して、遊びの領域を大きく逸脱した」非行でもなさそうです。また第3のピークの「ストレス社会からの離脱としての、攻撃的な反抗の意味合い」とも違うようです。ただ、この第3のピークとは何らかの繋がりがあるような気がします。

　昭和58年頃、中学校を中心に、校内暴力の嵐が吹き荒れていました。背景にあったものは、今は死語となった「偏差値」に代表される受験競争です。「偏差値」そのものは統計処理に使う道具なのですが、「偏差値教育」になると問題になるのはなぜでしょうか。
　社会背景として、高度経済成長をとげた日本経済は、物質的には非常に豊かな大国に変身していました。大量消費社会が生活を豊かにしていました。それを享受できるのは、進学校から一流大学、そして大企業という幸せの進路をたどった人であり、子ども達はいつの間にかその道に進むようにしむけられ、競争に駆り立てられてい

きました。すべての子どもを競争に巻き込む道具「偏差値」で、「偏差値教育」を施し、「子ども達の管理化」を行いました。さらに「偏差値」は、子ども達一人ひとりだけではなく、小学校から大学にまで適用され、ランク化が明確になされ「学校の管理化」もなしとげました。

　競争社会は、少数の勝者と多くの敗者を生み出します。「偏差値」で管理される子ども達は、学校の勉強だけでは競争に勝ち残れないためにほとんどが塾通いをし、夕食も家族と一緒にとれなくなりました。子ども達には、いつの間にか多大なストレスが忍び寄り、心の中に入り込んでいきました。学校で浮かばれない負け組は、ストレスを発散するために、生徒間暴力、器物破損、対教師暴力等の校内暴力に向かいました。学校側は、トイレのドアや便器を打ち壊す、ガラスを割る、壁に穴をあける等の器物破損や、対教師暴力に対して、より強い管理（力や権力・警察との連携）で排除していきました。その結果、学校には平和が戻ってきましたが、子ども達のストレスは置き去りにされました。

　そのストレスは、やがて「いじめ」という形になって現れました（昭和59年のいじめのピーク）。その頃、学校の先生達の口癖には、「いじめられる子には原因がある（ねあか・ねくら言葉の流行）」がありました。

　そんな時、東京の中野区富士見中学で、鹿川君がいじめを苦に自殺してしまいました。教師も参加してのクラス全体による「鹿川君の葬式ごっこ」が引き金でした。

　これがきっかけになり、文部省はいじめ対策に乗り出しました。そして「いじめ」の定義を「自分より弱いものに対して、一方的に、身体的・心理的な攻撃を継続的に加え、相手が深刻な苦痛を感じて

いるもので、教師が認識しているもの」と定めました。
　やがて「いじめ」は教師の見えるところからはなくなったのか、データ上では次第に沈静化していきました。しかしこの頃から、文部省分類による「情緒的な不安を伴う混乱型」「無気力型」「複合型」などの、人間関係からくるひきこもりを伴う不登校が急増していきました。人間関係の中には、当然「いじめ」の問題がありました。不登校の子ども達のカウンセリングをしていた私には、「いじめ」は教師の視野から消え、陰湿化したように見えました。
　そんな中、今度は平成6年に愛知県西尾市で、多額のお金を仲間に脅し取られ「いじめ」を苦に自殺した「大河内清輝事件」が起こりました。この事件はクラスの中で「今度は自分がいじめられるのでは」という不安を共有化した弱い者同士が共依存するグループ内で「いじめ」が起こるというものでした。子ども達の人間関係の希薄さ・脆さ・危なさ・怖さを露呈した事件だったのです。

　平成12年12月に、警察庁生活安全局少年課・科学警察研究所防犯少年部から興味ある調査研究報告書が出されました。その報告書は、平成10年1月に起こった「女性教師殺人事件（触法少年、当時13才）」から平成12年5月に起きた「アルバイト先での店長殺人事件（被疑少年、当時16才）」までの、社会に大きな衝撃を与えた特異・凶悪事件22件を分析したものです。この中には、北海道で起きた「祖父殺人事件」、両耳たぶを切り取った「成人女性へのリンチ（傷害）事件」、「高速バス人質・殺人事件」などが含まれています。
　警察庁は事件以前に警察に検挙（犯罪行為）または補導（不良行為・触法行為）されたことのない者をA群とし、検挙補導されたこ

とのあるものをB群として分析しました。

　A群（検挙・補導歴のない者）
　動機が多岐に亘り、外界との直接的な関連が希薄で、内的な欲求や葛藤（かっとう）等を解消することを目的とした、より自己中心的な論理に基づいたものが見られる。状況依存的な事件もあるが、犯行を意図してから実行するまでの期間も１ヵ月以上と長い事件も見られ、半数の事件で被害者は加害少年と面識のない不特定の対象である。また自己顕示的な性質を帯びた犯行も見られる。
　B群（検挙・補導歴のある者）
　動機が明確である。犯行も状況的依存か、意図してからの期間が比較的短く、被害者はすべて加害者と面識のある特定の対象である。
　A群・B群合わせ、何らかの被害経験がある者が約６割、対人不適応の見られる者が約６割、報道・書籍等の影響を受けているものが５割となっており、無視出来ない要因の一つになっている。特にA群では、そうした不適応状態が社会から遊離する形をとりながら問題を増大させ、そこに事件報道や書籍等の影響による猟奇的犯罪への憧れや執着が合わさり、犯行へと至る者もある。一方B群でも、被害経験を有する者が多く、自らの非行性が原因で周囲から孤立したり、保護者や学校の先生等から叱責を受けるなど、やはり対人不適応が見られている。その中には、激高行動を繰り返し重ねながら犯行へ至ったと見られるケースもある。
　凶悪犯罪といじめの関連については、「いじめ」の被害は25人（事件数22）中13人が経験しており、対人不適応等にも大きな影響を与えていると考えられることからも、背景事象として最も重要な一つである。「いじめ」はやめさせるだけにとどまらず、心のケア

にも十分な対応ががなされなければならない。
(資料：警察庁生活安全局少年課・科学警察研究所防犯青年部「最近の少年による特異・凶悪事件の前兆等に関する緊急調査報告」平成12年12月21日)

　学校で「いじめ」に遭い、そのことにより不登校になり、何にも心のケアを受けられず、学校と遮断してのひきこもりが起こる。カウンセラーの「もう少し様子を見ましょう」と言う指示通り、何もせずに放っておかれる。何年も経過すると「ああ、もうだめだ！」という感情と、「俺をいじめた奴が大学生・社会人として立派にやっている。許せない。俺は中学卒のままなのに、そして何もできないのに。生活リズムも取れないし、体力もない。人目も気になる。でもやろうと思えば俺をいじめた奴なんかには負けない。俺だって世間をあっといわせることができるんだ。俺の存在を証明してやる」という感情が湧いてくる。いじめが原因でひきこもった青年には、このような感情が確かにありますが、すべてのひきこもりの人が事件を起こすわけではありません。
　大切なのは、ひきこもりの人の苦しい思いや気持ちを理解してあげる社会であることなのです。

Q.22 家庭内暴力で生活ができない

　中学3年の息子の家庭内暴力が激しく、落ち着いて生活できません。
　息子はちょっとしたことで腹を立てます。親の対応が気にくわないと言っては、興奮して暴れ出します。
　息子が小さい頃も暴れることがありましたが、その時は主人と私、二人で力づくで押さえ込んでいました。
　しかし、身長・体重ともに主人を追い抜き、今では二人の力をもってしても押さえ付けることもできなくなり、息子が興奮して大暴れすると手が付けられないという状態です。
　学校には休まず登校しており、担任の先生には、真面目でおとなしい子だと評価されています。
　どうしたら家庭内暴力がおさまるのでしょうか？

A.22

　家庭内暴力の原因は、本人の気質もありますが、刺激に反応することが多いので、まず最初に刺激することは何かを突き止める事が大切です。
　今までに受けたご相談の例では、「勉強しなさい！」「部屋を片付けなさい！」「お風呂に入りなさい！」などの「・・・しなさい」「・・・しろ」の命令形に反応する場合が多く見られました。
　子どもが小さい頃はそれでもよいのですが、小学校４年生くらいになると、思春期が始まり自尊心が強く表われてきます。その結果、親に対する反抗が明確に表われます。その時期に、小さい頃と同じように、命令・支配・罰則（親が子どもに暴力を加える）によって養育がなされていた家庭ほど、家庭内暴力に苦しむことが多いようです。
　ひきこもりを伴う不登校の子どもの場合でも、「学校に行きなさい！」という登校刺激や、「いつまでこんな生活しているの！」「もう同級生のみんなは受験勉強してるのよ！」などの直接的な刺激を親から受けると、「親は自分の辛い気持ちなんて何にも分かっていない」という気持ちが強くなり、自分の感情を押さえきれなくなり、家庭内暴力が起こるということが多いのです。
　お子さんに何かをさせようという時には、「・・・しなさい」「・・・しろ！」よりも、「・・・しておいたほうが良いんじゃないの？」「忙しそうだけど・・・しておくと後で楽よ」という声かけの方が良いようです。
　子どもの定期試験が近付いてくる。どうも試験の準備はしてないようだ。内申や推薦試験に響くので、親としてはイライラして、つい「勉強したの？勉強しなさい！」と言ってしまう場合がほとんどです。けれどもそんな時に、「試験が近いの？大変だね！」という言葉が自然に出てくるようになれば、子どももイライラしなくなり、家庭内暴力はなくなり、勉強をし始めると思います。

Q.23 いじめに加わる我が子

　うちの娘が「いじめ」に加わっているようです。いじめているのは親同士も知り合いの近所の同級生です。「いじめ」に参加しないと今度はその子がいじめられるともよく聞くので、娘はそれが怖くて「いじめ」をやめるように言えないのかもしれません。
　娘にどのように対応すれば「いじめ」をやめるでしょうか。また相手の親子にどのように謝罪すべきでしょうか。

（先生へのアドバイス）

　いじめの問題は最近減少傾向にあります。しかし子どもたちを取り囲む教育環境がストレスの多いものであること、子どもたちの人間関係調整力が十分に育っておらずコミュニケーションが苦手な子どもが多いことを考えると、子どもの社会でいつ「いじめ」問題がいつ再熱してくるか分かりません。

　大阪市立大学教授の森田洋司先生のグループが「いじめ防止法の開発とそのマニュアル化に関する研究（2000年3月）」を発表しました。その研究によると、いじめに対して、教師の対応によって、いじめが「なくなった」23.2％、「少くなくなった」42.1％で、教師の対応によりいじめが改善されたという結果が合計65.5％になりました。また、「あなたのおうちの人はあなたが受けたいじめをなくすために学校の先生と話をしましたか」という質問では、親の対応により「いじめがなくった」23.6％「少なくなった」36.8％で、合計60.4％になりました。

　この二つの事例から見て、教師が何らかの対応をすれば6割のいじめは解決に向かうと考えられます。（88P参照）

A.23

親としては大変お困りのことでしょうね。
「いじめ」はストレス発散の遊びとして、仲良しグループの中で行われることがしばしばあります。ご相談はその代表的なケースですね。

このタイプのいじめは、仲良しグループの中で行われるため、先生からは、一見ふざけ合って遊んでいるように見えます。したがって、被害者の子が自ら誰かに言わないと分かりにくい、という問題もはらんでいます。また子どもたちにとって、「いじめ」はストレス発散の遊びであるため、お母さんのおっしゃる通り、グループ内でいじめの側に入らないと、今度はいじめを受ける側になるという構造が確かにあります。ですから娘さんだけへの対応では、この種の「いじめ」は解決しないと思います。

この問題は、関係者の保護者全員で考えていかなければなりません。いじめる側の子、いじめられている子のすべての保護者が集まり、先生を中心として「いじめ」を明らかにし、みんなで解決の方法を考えていかなければ、根本的な解決には至りません。

大変なことでしょうが、「いじめは絶対にやってはいけない」ということを子ども達に分ってもらうために頑張ってください。

本当の謝罪はいじめをなくすことです。そしていじめが解決した後、被害者の子どもに対して、親子で心から謝りたいものです。

言葉ミニ知識③ 《「いじめ」への教師の対応・すべきこと》

　教師の対応により、いじめはある程度改善されます。そのために必要なことを考えてみました。

①いじめの早期発見
- 日頃から、子ども達が何でも相談できるような雰囲気作りとしての信頼感の形成を、教師一人一人が行う。
- 家庭との連携。保護者とのコミュニケーションを豊富にし、相談と情報のキャッチを的確に行う体制作りをする。

②社会的正義感「いじめは絶対に許さない」を徹底したクラス経営をする。そのため鉄則として、
- 班別競争をさせ、連帯責任で罰を与えるなどの指導をやってはいけない。
- 教師による「えこひいき」や「やつあたり」「無神経な言動」はいけない。いじめは、このような無責任な教師の指導が引き金になって起こる傾向が見られる。教師と子どもの間に「正常な」関係が確立していれば、いじめは解決する。

　　　　　　　　　　（大阪大学人間科学部教授　秦政春）

③学校長のリーダーシップの確立
- 制度の見直しを含めて、学校長が教育者として子どもとの人格的なふれあいの機会をより増やし、先生への指導・助言において十分なリーダーシップを発揮できるようにする。このことは今日の学校教育課題としての「学級崩壊」「不登校問題」の解決にも効果があると考えられる。

　　　　　　　　　（和歌山大学教育学部教授　松浦善満）

言葉ミニ知識④ 《いじめ国際比較》

　外国の「いじめ」と日本の「いじめ」を比較日本の「いじめ」の状況には、以下のような特徴が見られました。
①しつこくて（高頻度で）、継続的（長期間）に行われる。（日本17・8％、ノルウェー17・4％、イギリス12・5％、オランダ11・8％）
②一人の被害者に対して複数の加害者がいる場合が多い。（松浦善満）
③力の優位に立つ者が、精神的・肉体的苦痛を与える。（森田洋司）
④同一年齢間・同性間・教室空間という密室で行われる。
⑤いじめの被害を誰にも言わない・言えない。（30％以上）
⑥いじめを止めてほしいのは友人（60・2％）、学級担任（29・8％）。
⑦心配をかけるから保護者（48・0％）、兄弟（31・6％）には知られたくない。
⑧相談相手は、両親（50・1％）、友人（42.5％）、学級担任（32・2％）。
　このように、日本のいじめには「高頻度で長期間、密室の中、大勢で一人をいじめる、被害を言えない」という特徴があり、諸外国と比べても深刻ないじめが多くなっています。
　また、松浦善満によるいじめの国際比較研究「いじめ防止法開発とそのマニュアル化に関する研究第6集（2000年3月）」では、日本の「いじめ」の特徴として以下のように述べられています。
①被害者に「汚い」「臭い」「バイキン」等の「弱さ」という刻印を捺し、「いじめられても当然である」という集団的状況を作り出し、いじめを正当化させている。
②「弱さ」「不安」を抱く共存的仲良しグループの中で発生する。
　そのため被害者は、心の傷を深く受け、「いじめ」による自殺、あるいは不登校に陥り、長期にわたるひきこもり・対人不安・神経症・自律神経の失調などを引き起こす事例が非常に多くなっています。

Q.24 プチ家出の心理－高校生の娘が家出

　高校２年生の娘が薄化粧して学校に行くのを注意したら、学校に行ったきり帰ってきません。以前に「喫煙」「深夜の帰宅」「飲酒」を注意したときにも２・３日帰って来ないことがあり、今回も友達のお母さんから連絡がありました。「娘さんが泊まりに来てもいいわよ」と言って下さいますが、あまりご迷惑をかけるのもどうかと思います。親として「いけないことはいけない」と言いたいのですが、すぐに家出をするので言いにくくなっています。目標も持たずに「将来はフリーターになりたい」と言う娘は、「高校を無理して卒業することもない」とも言います。今が楽しければ良いという考えみたいです。こんな娘をどうしたらよいのでしょうか？

〔先生へのアドバイス〕

　「四嫌多楽」の子ども達を「親のしつけ不足」「教育不能」と嘆いても仕方がありません。子ども達の多くがこのような傾向にあるのならば、その問題の根幹にあるものを探さねばなりません。

　子ども達の根幹には、大人になるために必要なモデルが周りに存在しないという「教師を含めての大人不信」と、少子化社会のため、幼児期に遊びを通したコミュニケーションが少なかったことによる「人間関係能力の技術低下」があると考えられます。

　そのため教師はまず「人間味のある信頼感溢れる教師」、次に「生徒の言葉を真剣に聞く」ことが必要です。指導はこれらにより「信頼関係」を築いた後で十分です。信頼感の強さと指導の効果は比例します。現在の教師には、「怖さ」を背景とした指導ではなく、信頼感の形成と人間関係能力を育てる指導力が求められているのです。

A.24 今の子どもは「四嫌多楽の世界」ですね。「我慢するのは嫌」「努力するのも嫌」「地味なことは嫌」「責任がかかることも嫌」の四嫌と「楽しく好きなことだけやりたい」という多楽の心理ですね。

　ご相談の「プチ家出」も、「嫌なことがあれば、自分を否定されないで現実逃避できる世界に逃げ込む」という心理からとられた行動です。昔の家出は、親からの自立と反抗をベースとした①親を見返し経済的に自立するための、②愛情欲求の示唆行為としての行動でした。その点、今の「プチ家出」は、「四嫌多楽の世界」です。

　娘さんの心の脆さは現代の子ども達に共通する心理です。しつけを含めた家庭教育も学校教育も、「善悪」の区別が指導できなくなると、それは広い意味の教育の死を意味します。

　娘さんの行為は非行や犯罪ではありませんが、飲酒や喫煙は触法行為（法律に触れる行い）です。また、化粧は校則違反だと思います。深夜の帰宅、無断外泊は家族の中で禁止されている行いでしょう。このような白（違反行為の全くない）、黒（犯罪行為や違反を行うもの）の中間の、灰色の若者が最近非常に多くなってきています。彼らは自分の行為に対して罪悪感は持っていません。ですから注意しても反抗され、「うるせー！いい加減にしろ！」という返事が返ってきます。この「いい加減にしろ！」から親拒否の心理が始まり、「親はうざったいだけ」「何も分かってないくせに」と進み、親とのコミュニケーションを断ち、自分の困った時だけ話しかけてくるようになります。

　そうならないためには、娘さんが信頼している大人とのコミュニケーションと、その人から社会性を学ぶことが大切です。そのような大人がいない場合は、大人との信頼関係作りから始めなければなりません。多くの若者が思春期まで信頼できる大人に誰一人巡り会えなかったならば、大人社会に課せられた問題も大きいと思います。

5．学校・教育

Q.25 うちの子が学級崩壊の原因に？

　小学2年生の息子の面談の時に、先生から「授業中に立ち歩き、それが原因で皆も騒ぎ出して学級崩壊が起きる」と言われました。
　帰ってから息子に聞くと「僕だけではないよ。みんな授業中騒いでいるよ」と言います。「授業中に騒いではダメでしょう」と強く叱りますが言うことを聞きません。
　こんな息子に何をどのように言えば良いのでしょうか。

A.25 息子さんに言うことをきかす言葉はありません。先生に状況だけを聞いて、授業中に立ち歩きをやめさせるために、お母さんが息子さんにどんな強い言葉で注意したり、説得したりしても、やめないと思います。もしやめたとしても一時的に過ぎないでしょう。

　子どもの行動には必ず意味があります。その意味を理解することから始めましょう。そのために子どもへの質問をまとめてみました。
①授業中、教室はどんな様子なの？
②先生のお話や勉強のやり方についての説明を、みんなは聞いているの？
③先生のお話を聞いて、みんなは先生との約束やお話の通りにしているの？
④どうしてできないの？または、どうしてちゃんと先生のお話を聞いているの？
⑤先生のお話を聞かないで何をしているの？
⑥どうして席に座らないで歩き回るのかなあ？
⑦授業中、歩き回っていると先生は注意しないの？
⑧先生はなんておっしゃるの？
⑨どうして先生の言うことが聞けないのかな？
⑩歩き回っていると、クラスのお友だちには何か言われないの？
⑪そう。みんなで騒いじゃうんだ。それじゃ授業にならないね。

　話の順番は流れによって少しは変わりますが、説教調にならないで様子を聞くという気持ちで、優しく尋ねるように丁寧に、子どもの気持ちを尊重しながら聞き出してみましょう。子どもの本当の気持ちを理解することが最も大切です。その結果、子どもの側に問題がある場合もありますが、教師の側にも問題がある場合があることが最近の研究調査で分かってきました。学級崩壊は、教師と保護者の信頼に基づく連携がなければ、防ぐことも解決することもできません。

言葉ミニ知識⑤《学級崩壊》

　最近になって大きな問題になっている「学級崩壊」は、全国の学校で数多く見られるようになってきました。ここでは小学校の例を見てみましょう。

①学校がうまく機能しない状況にあるとした件数
　　　学級担任の性別　　男性　　48人　女性　　102人
　　　　　　　　　　　　　　　　　　　　　合計　150学級
　　　学級担任の年齢　　20歳代　24人　30歳代　31人
　　　　　　　　　　　　40歳代　67人　50歳代　28人
　学級崩壊を経験しているクラスのうち、40歳代以上のベテラン教師のクラスが占める割合は63％です。これを見ると、経験年数が教師の指導力につながっていない結果になっていることが分かります。

②学年別の件数
　　　　1年生＝17学級　　2年生＝14学級　　3年生＝21学級
　　　　4年生＝21学級　　5年生＝43学級　　6年生＝34学級
　どの学年でも学級崩壊は起こっています。しかしその質は、低学年と高学年とでは異なっています。

③類型別学級件数（国立政策教育研究所「学級経営研究会」）
　　　ケース1　就学前教育との連携・協力が不足している事例
　　　　　　　　　　　　　　　　　　　　　……20学級

ケース2　特別な教育的配慮や支援を必要とする子どもがいる事例
　　　　　　　　　　　　　　　　　　　　……37学級
ケース3　必要な教育を家庭で受けていない子どもがいる事例
　　　　　　　　　　　　　　　　　　　　……30学級
ケース4　授業内容と方法に不満を持つ子どもがいる事例
　　　　　　　　　　　　　　　　　　　　……96学級
ケース5　いじめなどの問題行動への適切な対応が遅れた事例
　　　　　　　　　　　　　　　　　　　　……51学級
ケース6　校長のリーダーシップや校内の連携・協力が確立していない事例　　　　　　　　　　　　……51学級
ケース7　教師の学級経営が柔軟性を欠いている事例
　　　　　　　　　　　　　　　　　　　……104学級
ケース8　学校と家庭などとの対話が不十分で、信頼関係が築けず対応が遅れた事例　　　　　　　　……47学級
ケース9　校内での研究や実践の成果が学校全体で生かされなかった事例　　　　　　　　　　　　　……24学級
ケース10　家庭のしつけや学校の対応に問題があった事例
　　　　　　　　　　　　　　　　　　　　……26学級

　上記に見られるように、学級崩壊は、「家庭の教育力の低下（しつけが足りない、愛情欠乏を起こしている、養育力がなくなっているなど、子育ての問題と考えられるもの）」という家庭の問題、加えて「学級崩壊のきっかけを作ると言われている、特別な教育的配慮や支援を必要とする子どもが増えている（ＬＤ、ＡＤＨＤの子）」等の子ども自身の問題、さらには「学校や教師の指導力が学級経営の柔軟性に欠ける」ことも大きな原因になっています。

言葉ミニ知識❻《学級崩壊―先生の悩み》

Q 小学校5年生の担任をしています。女子の私物をふざけて持ち出し、それを隠して遊ぶ男子がいます。その子に対して私の指導が十分でなかったために、女子児童の反発をかってしまいました。

それ以来、クラスの中で男子と女子が対立し、私に対する不信感も強くなり、授業中騒ぐ子、立ち歩く子、教室を勝手に出ていく子などが現れ、授業が成立しなくなってしまいました。

隣のクラスからは「静かに出来ないのか」、保護者からは「大切な時期に勉強が進まなくなってしまいどうしてくれるのか」「25年以上やっているベテラン教師がどうしたのか」と言われます。

職員会議でクラスの実情を話し、建て直しに同僚の力を借りたいとお願いしたのですが、みんな自分のクラス経営が大変で余裕がなく、これ以上お願いすると白い目で見られそうです。校長先生にはクラスの保護者と学校の仲立ちに立って頂いております。クラスの建て直しは自分でしなければなりません。どうしたら良いでしょうか。

A 大変な状態ですね。心からお察し申し上げます。

完全な建て直しは急には難しいので、徐々に改善をしていくようにしましょう。学級崩壊を一度してしまうと、新しいクラスに変わらなければ前の状態に戻ることはなかなか難しいようです。埼玉県教育委員会のデータを見ると、以下のようになります。

「学級がうまく機能しない状況が継続しているか、通常の状態に回復したか、回復傾向にあるか」（埼玉県教育委員会）

	継続	回復	回復傾向
平成12年度	20学級	1学級	30学級
平成13年度	11学級	0学級	10学級

これを見るように、学級崩壊の前に戻ることは難しいようですが、努力すれば回復傾向にはなります。
　そのために最初にしなければならないことは、スクールカウンセラーや心の教室相談員の人にも協力してもらいながら、被害者である女子の気持ちの回復を図ることです。大切な物がなくなった時の気持ち、自分の私物を隠されてからかわれた時の恥ずかしさ、怒り、悲しさ、不安などの気持ちを十分に出させてあげましょう。出さずにいれば悔しさや怒りが収まりません。そして担任として、十分に気持ちを受け止められなかったことを心から詫びてください。
　その後、加害者の男子に面接しましょう。どうして、その女子の物を隠したのか。遊びだけのつもりなのか？その子に対して特別な感情はないのか（好きという感情の裏返しとしての行動、過去のいじめや妬みなど）等、当事者同士の心の背景を十分に聞いて、その背景にある問題も一緒に考えてあげて下さい。それが出来たら、この問題で多くの人が傷ついたことを反省できるまで話し合ってみましょう。単純な「遊び心」だけの場合は、そこから多くの人が傷ついたことも十分に理解出来るまで話し合います。
　次に、校長先生に頼み、補助教員をクラスに入れてもらい、授業中の行動別に、主に立ち歩き回るグループ、騒ぐグループ、教室から勝手に出ていくグループ等に分けて、学校や担任に対する不満を十分に聞いてあげます。その時決して反論や批判はしません。子ども達の不満を吐き出させることに徹底することです。
　不満が十分に吐き出されたら、今度はクラス全体で自由に話し合いの場を作ってみましょう。先生は意見を求められた時だけ話をします。司会は、補助教員が進めるのが良いでしょう。

Q.26 小学生の息子が学校に行きたがらない

　うちの息子は時々、「学校に行きたくない」と言います。
　何で行きたくないのかと尋ねると、特に理由はないと言います。私から見ても友達はいるし、勉強もそこそこなので、特に嫌がる理由はないように思います。
　実際に、学校を休むということにはなっていませんが、口癖のように「学校に行きたくない」と言っているのを聞くと、不登校につながってしまうのではないかと心配になります。どのように対処すればよいのでしょうか。

A.26

　今、多くの子ども達が「何となく学校に行きたくないなあ〜」という気持ちで、学校に行っているのではないでしょうか。
　「学校に行くと気疲れするし、騒がしいし、勉強なのか遊びなのかよく分からない授業がたくさんあるし、みんな勝手なことを言ってまとまらないし、本当に大変ですよ」と愚痴をこぼす子がたくさんいます。
　愚痴をこぼすことによってストレスを発散している、このような子ども達については、それほど心配する必要はないと思います。むしろ、感情を押し殺し、愚痴ひとつ言わずにがんばっている子の方が、危ないような気がします。
　子どもさんが、愚痴や不平・不満を口にしたら、否定せずに聞いてあげましょう。それがストレスの多い学校生活を切り抜けるための、ひとつのコツかもしれません。息子さんの愚痴や弱気やため息を聞いて、「本当に大変なのね」と最後にねぎらいの言葉をかけてあげれば最高です。

Q.27 不登校を続ける息子が心配

　小学6年生になる息子は丸3年間不登校をしています。
　風邪をこじらせて一週間ほど休んだ後、学校に登校しなくなり、そのまま現在に至っております。
　最初の頃に、どうして学校を休むのか聞いたのですが、はっきりしたことは何も言いませんでした。その時にスクールカウンセラーに相談し、カウンセラーの指示で「しばらく様子を見守りましょう」ということになったのですが、それがそのままになっていまいました。
　このまま不登校が続いたら、学校の勉強がさらに分からなくなってしまい、中学生になっても学校に行けないのではないかと心配になりました。それで家庭教師をつけてみたのですが、本人に勉強する気持ちは全くないようで、普段は外出しないにも関わらず、家庭教師が来る日だけは、その時に限って外出してしまいます。
　どうしたら良いのか困ってます。

A.27

　来年中学校に上がるのですね。お母さんとしては「中学生になったら環境が変わるので、学校に行けるかもしれない」と微かな望みを持ちつつも、「もし中学校に行けたとしても、今度は勉強が分からず、また不登校になるのではないか」とご心配されているのでしょうね。

　確かにその通りだと思います。しかし、不登校のタイプによりますが、小学生の場合「自分の中にある不安に向き合うことから逃れるために勉強する」という例には、30年の臨床の中でも出会ったことはありません。精神的な発達の関係で、不登校の子どもにとって、勉強するという行為は、不安が具体的になる回復期に入ってからになるのが普通ですし、その方が自然な回復のプロセスです。

　息子さんの場合、不登校の理由を全く話さないようですね。小学生だと、具体的な理由がない「何となく不安や緊張するなどのタイプ」の不登校は、自分自身が言語化できないために、話そうとしないのが普通です。息子さんも、そのタイプで、学校にも家庭にも精神的な居場所が持てなかったのでしょう。学校に変革を求める働きかけは難しいので、「家庭での原因」を考えてみる必要があると思います。

Q.28 不登校からひきこもり、何度も自殺未遂を繰り返す

　学校でいじめられて、中学1年生から不登校になり、そのまま家にひきこもってしまった18才になる娘がおります。ほとんど外出はしませんが、二年くらい前から、二週間に一度、治療に行くようになりました。最初は私と娘の二人で行き、今までの経過と現在の様子を話しました。その時娘は「ちゃんと治してやり直したい」と小さな声で医師に言いました。医師は「あせらずに治しましょう」とおっしゃり、精神安定剤と不安をとる眠剤を処方してくれました。

　それから娘は一人で病院に通い始め、医師が出す時々変わる薬も、すべて言いつけ通りに服用していました。ところが薬を飲み出して10ヵ月を過ぎた時、落ち込みが激しくなり「死にたい」と口走るようになりました。「お医者さんに相談はしているの？」と聞くと、状態は伝えているけれど「はい。わかりました」と言うだけだそうです。「落ち込みが激しい」「よく眠れない」などと言っても強い薬を渡されるだけで、気持ちや思いを言っても「ああそうですか」と面倒臭そうで、すぐに診断は終わると言います。娘は、強い薬だと一日中眠ってしまうだけで、何も変わらないと言います。

　その後しばらくして、娘はカッターで手首を切りました。出血が激しく、救急病院で傷口を縫合してもらいました。精神科の医師に相談したところ、「毎週来なさい」と言われ、大量の薬をもらいました。

　2ヵ月後、娘は、飲まずにためておいた薬を、真夜中に一度に飲んでしまいました。危うく命は取り留めましたが、救急病院から退院してくる娘に、これからどう対応すれば良いのでしょう。

A.28

　まず大切なのは、あせらずに冷静になることです。ひきこもりが長期化し、やっと医師の投薬を受け、しばらくして自殺未遂というケースはよくあります。そこで対応のポイントをまとめてみましょう。

①過去の対応について反省や後悔をするのではなく、「今何をするか、どう支えてあげるか」に全力をあげて下さい。
②多くの薬で投薬診断（投薬をして反応を見て診断する）をしても、効果的な薬が見つからない場合、精神疾患（精神分裂病・躁鬱病）ではなく、心理的・気質的な問題が原因とも考えられます。
③このような状態の人が精神科を利用するときに注意する点は、
　●投薬中心の病院よりも、カウンセリングなどの精神療法を取り入れている病院を選ぶ
　●思春期の同じような症状の人が通院している所で、臨床例が豊富な所を選ぶ
　●境界例（神経症・接食障害など）を伴う場合、専門病院で複数の医師により診断してもらえる所を選ぶ
　●デイケアーの施設を持ち、内容が充実している所を選ぶ
④カウンセラーが、いじめられた人・不登校の人・ひきこもりの人の心理に詳しく、いつでも相談にのってくれる体制のある所を選ぶ。
⑤薬には必ず副作用があること（薬によっては、幻聴や幻覚、鬱的な状態が起こることもある）を理解しておく。

　リストカットは、娘さんからお母さんに対しての「苦しい！助けて！」という示唆行為のメッセージであることがほとんどです。それに気付かずにいると、今回のような自殺未遂を起こします。責めずに、娘さんの気持ちや思いを十分に受け止めて認めてあげましょう。

　また投薬を急にやめると、しばらくして精神的に不安定になるリバウンドが起りますので、信頼できる医師かカウンセラーに相談しながら対応して下さい。

Q.29 学力低下

「総合的な学習」「完全週5日制」という新しい教育方針が文部科学省によって開始されてから、新聞で子どもの「学力低下」を懸念する声がよく聞かれます。

新しい教育方針によって、子どもの学力が本当に低下するのであれば、自衛するために、土曜日にも学習塾に通わせたほうが良いという親達の意見をよく耳にします。

子どもの学力を守るために、学習塾に通わせたほうが良いのでしょうか。

A.29

子どもを塾に「通わせるか」「通わせないか」は、子ども一人ひとりの状況によっても、塾に求める目的によっても違うので、一概にはどちらが良い悪いとは言えません。子どもの「通いたい」、親の「通わせたい」という思いが一致すれば、塾に通えば良いと思います。

また、もし塾に行くのであれば、塾に行く目的は何かということを考える必要があるでしょう。

「総合的な学習」により、授業時間内容が削減され、それに伴い基礎学力の不足が起こることが心配であるならば、基本的な演習を中心にやってくれる補習塾が良いかと思います。

「総合的な学習」が始まったからといって、「学力が低下する！」と慌てるのではなく、個々のお子さんの必要性に応じて、行くか行かないか、どんな塾に通わせれば良いのかは、考えていけば良いのではないでしょうか。

言葉ミニ知識⑦《総合的な学習の時間》

　「総合的な学習の時間」は2002年から新しい学習指導要領に盛り込まれ正式に実施されます。すでに準備の整った学校から、移行処置として実施が始まっている学校までありますから、よく耳にしていることと思います。

　今回の改訂により、授業時間は約１割、指導内容で３割程度削減されることになります。加えて「総合的な学習」にも時間が割かれるために、「学力低下にますます拍車がかかるのではないか」という不安の声が多くの親達から聞かれます。また「総合的な学習の時間」と「学力の低下の問題」を強引に結びつけて論議している新聞もあります。さらに塾や予備校はビッグビジネスチャンスと見ています。

　このように、様々な思惑が絡んで複雑になっていますので、少し整理しながら「総合的な学習の時間は何故実施されたか？」ということについて話を進めたいと思います。

　文部科学省の「総合的な学習の時間」に対する主な考え方をまとめると次のようになります。

　「総合的な学習」は、今日の学校教育課題としての問題「いじめ・不登校・学級崩壊・校内暴力」の解決の、切り札として考えられました。これらの問題の共通項目として、「学校が楽しくない」「授業内容の理解度が低い」があります。

　文部省が平成10年２月に行った「学校教育に関する意識調査」について見てみましょう。

●学校生活への満足度に関して
小学生　楽しい　51.4%　　少し楽しい　39.7%（合計91.2%）
中学生　楽しい　14.5%　　少し楽しい　51.9%（合計66.4%）
高校生　楽しい　7.7%　　 少し楽しい　47.3%（合計55.0%）
●学校の授業理解度に関して
小学生　よくわかる　19.9%　大体わかる　48.2%（合計68.1%）
中学生　よくわかる　4.7%　 大体わかる　35.4%（合計40.1%）
小学生　よくわかる　3.5%　 大体わかる　33.9%（合計37.4%）

　結果として、学年が上がるごとに「学校生活への満足度」も「学校授業の理解度」も、低下していくことが分かりました。
　「総合的な学習」は、「授業がわからない」から「学校が楽しくない」という子ども達の置かれている学校環境を変えるため、また教育課題の解決のためにも、教育内容を厳選し、授業の分からない子どもを減らしていこうとする取り組みです。
　今までの「学習の効率を上げるため、内容を画一化し、暗記させて試験を実施し成績や評価をする」という教育のあり方には、「指示されたことはできるが、自ら考える力が不足している」という弱点がありました。そのために記憶力を問う問題は解けるが、応用力は弱いと言われてきました。それらの弱点を克服するために、体験を重視した「総合的な学習」を導入し、子ども達の好奇心を高め、創意工夫で生きる力を育てることを意図して実施されることになったのです。もちろん、数学（算数）や英語の力が不足しているのならば、「総合的な学習の時間」にそれらを行っても構わないとしています。

言葉ミニ知識⑧《小学校の学校選択制度》

　今の学校教育には教育改革が必要です。

　今までの公教育では、戦後、欧米諸国に経済的に追いつくために、効率化が求められました。そのため平等主義、画一化教育、集団化教育だったとも言えます。

　それを変えていく起爆剤が「総合的な学習の時間」を始めとし、「小学校の学校選択制度の導入」「公立校の中高一貫六年教育」「単位制高校への移行」「大学改革の柱としてのトップ30校」「飛び入学の導入」などです。これらは子ども達の能力や個性に応じて教育をしていこうとする新しい取り組みです。

　「総合的な学習の時間」においても、教師の力量によって大きな差が出ます。

　「小学校の学校選択制度」も保護者が学区にとらわれずに学校を選ぶことができるので、公教育といえども、人気がなければ廃校になっていく可能性があります。「学校選択制度」は、学校間の競争を促し、教育の活性化を図っていこうとする取り組みです。

　これからの時代は、教師一人ひとりの力量が問われるとともに、校長が学校教育の目標に関してのビジョンを持ち、その成果を出すことがが求められる時代です。教師間の教育力量の競争、公立学校間競争などが始まります。それは生徒の学力をいかに伸ばすかという競争だけではありません。児童生徒の「生きる力としての想像力・リーダーシップ」を育むことを含めた、「生徒指導力」という新しい価値観の競争です。

　「小学校の学校選択制度」の採用は、地方自治体によってばらつ

きがあります。この教育改革が成功するか否かは、自治体の考え方にかかっており、結果として大きな違いが出てくる可能性があります。

　例えば、「小学校の学校選択制度」を取り入れない地方自治体について考えてみましょう。「「総合的な学習」は学習指導要領に決められたことだからやらなければならない。何をやるかは各学校教師に任されている。忙しいから適当にやろう」という考えの教師が現れたらどうでしょうか。貴重な学習時間が奪われ、時間が過ぎていきます。その上、「小学校の学校選択制度」がないために競争原理は機能しません。その結果、その自治体の子ども達の学習意欲が低下し、学力も低下していくことは確実に予想されます。

　このように、「総合的な学習」「小学校の学校選択制度」を含めた「教育改革」が成功するか否かは、地方自治体の教育委員会の考え方、教師一人ひとりの意識にかかっているのです。

Q.30 極端に数学ができない

　中学1年生になる息子は、小学校の時から算数の計算が苦手で、何度教えても足し算の位取りはできないし、九九も憶えさせるのが大変でした。そのうちに、何とか憶えることが出来ましたが、しばらくすると「くいちが九」、「くにが九」、「くさんが九」となってしまいます(笑)。

　中学生になった今では、位取りや九九はやっと出来るのですが、分数の計算は出来ません。もちろん中学で習った方程式や文字式は全く理解できません。

　社会や音楽、美術は普通に出来ます。知能は普通だといわれましたが、担任の先生から「ＬＤではないか」と言われました。

　ＬＤとはどのようなものなのでしょうか。そしてどのように育てていったら良いのでしょうか。

A.30

　LDとは学習上の障害を言います。文部省が平成11年に出した「学習障害及びこれに類似する学習上の困難を有する児童生徒の指導方法に関する調査研究協力者会議」の報告では、学習障害の定義として、「基本的には全般的な知的発達に遅れはないが、聞く、話す、読む、書く、計算するまたは推論する能力のうち、特定のものの習得と使用に著しい困難を示す様々な障害を指すものである」としています。また、その原因として、「中枢神経系に何らかの機能障害があると推定されるが、視覚障害、感覚障害、知的障害、情緒障害などの障害や、環境的な要因が直接の原因となるものではない」とされています。

　息子さんの場合、算数・数学に特異な学習困難がありそうですね。しかも全般的な知的発達の遅れはなさそうです。さらに他の障害や環境的な要因が直接の原因でもなさそうです。その場合は、学校の先生がおっしゃる通り、LDであると考えられます。

　今の医学では、「中枢神経系の何らかの機能障害」は、完全には直すことはできません。しかし、LDという考え方は広範囲な捉え方であり、研究が進んでいないために、あいまいな部分があると言えます。

　どのように育てていけば良いか、というご相談ですが、あまりLDというレッテルにとらわれずに、出来るところを伸ばしていく、という考え方で良いのではないでしょうか。なお、数学などで他の人と比べることは、本人自身のあせりやストレスを引き出し、二次的な障害を引き起こすことになるのでやめましょう。

言葉ミニ知識⑨ 《「LDとADHD」診断基準》

　「ＡＤＨＤ」は比較的新しい言葉です。ＡＤＨＤが多動性を伴うことから学級崩壊の一つと考えられ、マスコミが注目したために「ＡＤＨＤ」が先走りした感があります。以前からあった「ＬＤ（Learning Discorder）」との違いや類似点はどこにあるのでしょうか。
　ＡＤＨＤは主として、「多動・不注意・衝動性」という行動上の問題です。
　ＬＤは「読み、書き、算数の計算」など一部の学習能力の障害です。
　ＡＤＨＤとＬＤは基本的症状が違いますが、合併していることが多く、重複して起こるケースが多いとされています。

　　　　「ＬＤ」学習障害の判断基準（文部省試案）
Ａ特異な学習困難があること
①国語または算数（数学）（以下「国語等」という）の基礎的能力に著しい遅れがある。
　・現在及び過去の学習記録から、国語等の評価の観点の中に、著しい遅れを示すものが１以上あることを確認する。この場合、著しい遅れとは児童生徒の学年に応じ１～２学年以上の遅れのあることを言う。
　　小学校２・３年・・・・・・・・・１学年以上の遅れ
　　小学校４年生以上または中学生・・２学年以上の遅れ
　　なお、国語等について標準的な学力検査の結果があれば、それにより確認する。

・聞く、話す、読む、書く、計算する、または推論する能力のいずれかに著しい遅れがあることを、学業成績、日頃の授業態度、提出作品、ノートの記述、保護者から聞いた生活の状況等、その判断の根拠になった資料等により確認する。
②全般的な知的発達の遅れがない
　・知能検査で全般的な知的発達の遅れがないこと、あるいは現在及び過去の学習記録から、国語、算数（数学）、理科、社会、生活（小１及び小２）、外国語（中学）の評価の観点で、学年相当の普通程度の能力を示す物が１以上あることを確認する。
B 他の障害や環境的な要因が直接の原因ではないこと
　・児童生徒の記録を検討し、学習困難が特殊教育の対象となる障害によるものではないこと、あるいは明らかに環境的な要因によるものではないことを確認する。
　・ただし他の障害や環境的な要因であっても、学習障害の判断基準に重複して該当する場合もあることに留意する。
　・重複していると思われる場合は、その障害や環境等の状況などの資料により確認する。

　　　　　ＡＤＨＤの診断基準（「ＤＳＭ－ＩＶ」の診断基準）
　「ＡＤＨＤ」の基本症状は不注意・多動・衝動性で、診断基準はＤＳＭ－ＩＶ（アメリカ精神医学研究所作成）の診断基準に基づいて成されるのでその基準を紹介します。
A　（1）か（2）のどちらか
（1）以下の「不注意」の症状が６つ以上あり、その症状が少なくとも６ヵ月以上継続し、子どもの発達の状態に相応しないもの
　　●「不注意」の症状

①学業、仕事、またはその他の活動において、過ちを犯すことが多いので細かく注意するが、再び不注意な過ちを犯すことがある。
②学習または遊びの活動中に、注意を持続することが困難になることがある。
③直接話しかけられていた時に、話を聞いていないように見える時がある。
④反抗的な行動、または指示を理解出来ないわけではないが、学習、用事などの指示を聞くことが出来ない。
⑤学習や活動を行うための手順が組み立てられない。
⑥授業や自主学習のような精神的努力の持続を要する課題に取り組むことを避けようとする。行っても嫌々する。
⑦学習や活動に必要な道具（筆記道具、宿題、教科書など）をよくなくす。
⑧取り組んでいる以外のことで、刺激が入ると、すぐに注意がそらされる。
⑨毎日やっている活動をよく忘れてしまう。
(2)以下の多動性・衝動性の症状のうち6つ以上あり、その症状が少なくても6ヵ月以上継続し、子どもの発達の状態に相応しないもの。
●「多動性」の症状
①いつでも手足をそわそわと動かし、椅子に座っても、もじもじしている。
②教室などで、席に着いていなければならない時でも席を離れる。
③静かに椅子に座っていなければならない状況で、必要もないのに走り回ったり、高いところに登ったりするなどの行動を行う。
④静かに遊んだり、休んだりすることがなかなか出来ない。

⑤「じっとしていられない」まるで「機械が動いているように」動き回る。

⑥おしゃべりが始まると止まらない。

● 「衝動性」の症状

⑦相手の質問を最後まで聞かずに、思い付いたら話し始めてしまう。

⑧決められた順番を待っていことが出来ない

⑨（悪意なく）第三者の会話を中断させたり、ゲームに干渉したりする。

B 多動性・衝動性または不注意の症状は7歳以前に幾つかあり、すでに障害を引き起こしている

C これらの症状による障害が「学校」や「家庭」など異なる状況で、2ヵ所以上で表れる

D 臨床的に著しい障害が、社会的・学業的または職業的機能において存在するという明確な証拠がなければならない

E その症状は広汎性発達障害、精神分裂病、またはその他の精神病性障害の経過中にのみ起こるのではなく、他の精神疾患（例えば気分障害、不安障害、解離性障害または人格障害）ではうまく説明できない。

Q.31 お宅のお子さんはＡＤＨＤです

　小学５年生の息子について、教育相談員のカウンセラーの方から「ＡＤＨＤかもしれませんね」と言われました。
　先生からは、入学後間もなく「授業中落ち着きがなく席を離れて立ち歩く、何度注意をしても聞かない。おとなしくしているかと思えばぼんやりしている。親のしつけが出来てない」と叱られました。
　本人に問い質すと、周りに迷惑をかけているとは気付いてないようで「みんな僕のことなんて分かってない」「先生にも親にも叱られてばかりだ。生まれてこなければよかった」と涙ぐみます。
　ＡＤＨＤとは何でしょうか。親として、どう対応すれば良いのでしょうか。

（先生へのアドバイス）

　ＡＤＨＤの子ども達は、二次的な障害として、学習面での遅れを持っています。調査によると、ＡＤＨＤの子の６０％～９０％に学習に遅れがあるという結果が出ています。
　ＡＤＨＤの子ども達は、学習面での遅れを気にしています。ですから、充分な配慮をして下さい。クラスの皆の前で学習の遅れを指摘したりすると、ひどく傷付けることになるので、時間をかけて信頼関係を作り、指導していくようにしましょう。（具体的な配慮については１１８Ｐ参照）

A.31 こうしましょう！こうしましょう！

　ＡＤＨＤはAttention-Deficit/Hyperactivity Disorder（注意・欠陥／多動性障害）の略語です。これには「多動性」「注意欠陥」「衝動性」の三つの行動特性があり、具体的には以下のようなものです。

- 注意力が維持できないため学習に集中できず、学力不振が起こる。
- 衝動傾向があるために、周りの人との共感や共有化がはかれず、友人関係が上手くいかず、よく仲間外れにされることがある。
- 感情のコントロールが出来なくなることもしばしば見られる。
- 言語未発達や語彙不足のため、上手に自己を反省できない。
- 様々な学習条件の悪循環から勉強に対して嫌悪感が強く、自信を喪失している場合が見られる。また自己評価が低い。
- 学習障害（ＬＤ）を重複してもっている場合がある

　これらに思い当たあれば、専門機関に相談してみて下さい。

　「ＡＤＨＤ」の医学的治療として、神経刺激剤の一つ「リタリン」を投薬すると一時的に効果が上がる場合があります。また、特に投薬しなくても、大人になれば多動性は減少します。不注意からくる症状も、約半数の人は成人すると自然になくなります。

　「ＡＤＨＤ」が起こる原因は、最近の研究報告では、脳機能障害ではないかとされ、遺伝的要因も関与していると考えられています。

　親の対応としては、専門家に相談しながら、医学的治療ならびに教育的対応をしていくことが望ましいと思います。子ども自身の「低い自己評価」「強い劣等感」等からくる様々な思いが、被害妄想的に「周囲からばかにされている」「自分の存在を認めない周囲への反発・反感」などの二次的な状況を引き起こしているので、「注意や叱責」よりも「褒める」ことを大切にして下さい。どうしても「注意や叱責」を行う時は、問題の行動の直後に、短く、明確に、厳しく行うことが大切です。出来るカウンセラーと相談しながら準備をしていくことが大切だと思います。

言葉ミニ知識⑩ 《ADHDの子どもに対する教師の対応》

ＡＤＨＤの子どもを傷つけないために、彼らへの対応として教師が注意すべきことをとりあげます。

●教室での配慮・・・座席の位置
　ＡＤＨＤの子は、注意力が散漫になるため、集中できない環境（窓際・出入り口の近く）は避けましょう。教師の眼が届きやすい前の席が良いでしょう。本人が安心出来る友達がいる時は、その子のそばに席を作りましょう。

●指導上の配慮
・授業中でも特別活動中でも、可能な限り頻繁に、優しい視線を向けるようにしましょう。（存在の保障・教室にいることが認められているという認識を育てる）
・本人が解答出来そうな問題を適宜出題し、指名して解答させましょう。（自信の回復・学習意欲の引き出し・集中力の継続）
・分からないところが出た時に質問しやすい関係作りと雰囲気作りを、日常から心がけましょう。（教師との信頼感の形成）
・教師として指示や態度に一貫性を持ちましょう。また一度に複数のことをさせないようにしましょう。そして指示したことは必ず復唱させましょう。（いろいろなことへの選択機能が上手く機能しないため混乱することが多いので注意する）
・課題を達成させるために、十分時間に余裕を持たせましょう。（達成感・充実感を満足させるために）
・教室でじっとすることが出来なくなったら、教師の方から指示を出して、保健室などに行かせましょう。感情のコントロール

が出来なくなった時のためにも、そこに行けば落ち着けるという場所を、あらかじめ保健室などに作っておきましょう。
・教師と保護者とが、気持ちの理解・共感を図るとともに、情報の交換を行い、できる限り一致した対処法をとれるようにし、それぞれの役割分担を明確にしておきましょう。

参考文献：「平成13年度夏期講座　心身障害教育講座講習会」講義テキスト　（国立特殊教育総合研究所情緒障害教育研究部長／精神科医　渥美義賢）

第3章

不登校・ひきこもりをめぐって

1．対談にあたって

　私は30年間、教育研究所を通して、不登校やひきこもりの子ども達と深く関わってきました。
　その関係で、花輪敏男氏、増田ユリヤ氏との出会いがあり、今回縁あって対談を行う運びとなりました。

　花輪敏男氏は、山形県出身。現在国立特殊教育総合研究所で研究・研修・教育相談などをなさっています。専門は情緒障害（自閉症・ＡＤＨＤ・不登校・緘黙・チックなど）。小学校教諭（言語障害特殊学級・情緒障害特殊学級担任）、指導主事、教頭などを経て現職に就かれたのですが、一貫して「学校（教師）が主体的に取り組むこと」を柱として活動なさっています。
　教育相談活動としては、県教育センター在職時にはのべ500〜600回の面接を行い、特殊教育や生徒指導に関するものまで相談にのっていらっしゃいました。不登校に関しても、今までに約200例に取り組んで、ほぼ100パーセントの学校復帰率を挙げています。
　業績としては、臨床例を体系化し、さらに普遍化するという作業を行い「不登校対応チャート」をまとめるとともに数々の論文も発表なさっています。最近の論文には「教師が取り組む相談技術」（『教職研修２月・３月号』教育開発研究所　1999年）、「家庭崩壊の兆候」（『学校運営６月号』明治図書　1999年）、「教師の感性」（『感性・心の教育』明治図書　1999年）、「学校・家庭・専門機関の連携」（『実践障害児教育１月号』学研　2000年）、「特総研は今」（『実践障害児教育９月号・10月号』学研　2001年）などがあります。

　増田ユリヤ氏は、ＮＨＫのアナウンサーとして、様々な取材を通して教育の問題や女性の問題に携わるとともに、実際に学校という

現場で教鞭をとっていらっしゃいました。これらの経験を生かして、現在は教育ジャーナリストとして、広く活躍なさっています。また、『「新」学校百景〜フリースクール探訪記〜』『総合的な学習〜その可能性と限界〜』（ともにオクムラ書店）などの著書もお持ちで、その中では専門的な教育の問題を、一般の方にも分かりやすく紹介していらっしゃいます。

　この本に収録した対談は、司会に増田氏を迎え、花輪氏と行ったものです。私も花輪氏も、臨床の現場で不登校と関わってきていますので、非常に共通する部分も多くありますが、評論家的な不登校関連の書籍が多い現在、臨床の中から不登校を分析するこの度の対談が、不登校の子を持ち、実際に日々向き合っているご両親、先生方に何らかの指針を与えることができましたら幸いに思います。

2．不登校・ひきこもりとの出会い

対　談　　教育研究所所長　　　　牟　田　武　生
　　　　　国立特殊教育総合相談研究所
　　　　　情緒障害教育研究室長　　花　輪　敏　男

　　　　　　　　　　　　　　　　司　会：増田　ユリヤ

●今日は「不登校・ひきこもりをめぐって」というテーマで、花輪先生と牟田先生にお話しをいただきます。
　まず最初に、不登校とかひきこもりとか、そういった問題にお二人が関わるようになったきっかけを簡単にご説明下さい。

花　輪：　私は障害児教育が専門で、小学校の情緒障害学級の担任をしていました。情緒障害というと自閉症が代表的ですが、いわゆる不登校とか緘黙(かんもく)とか、心理的な問題も含まれます。そういう教育に携わっていて、相談を受けていました。その中で最近になって不登校という現象が社会問題になり、注目を集め始めたので、不登校との関わりが深くなっていったということです。

牟　田：　私の場合、今からちょうど30年ぐらい前のことですが、女房が中学校の先生をやっていて、そのクラスに不登校の子がいたことが始まりでした。女房は新卒で採用されて、2年目に中学1年生の担任を持たされたのですが、そのクラスには、入学してすぐに来られなくなった男の子がいました。女房も若かったですから、なんとかしなくちゃいけないと思って、家庭訪問を繰り返しました。しかし、家庭訪問をすればするほど、亀が首をひっこめるみたいに、子どもが出て来なくなってしまう。もちろん、教頭や学年主任にも、色々相談をするけれども、なかなか解決の方法や

その糸口がみつからない。不登校は、当時はいわゆる「長欠児」という扱いで、特に問題を起こす訳ではないから、放っておけばいいという考えもありました。しかし、そうはいっても進級や卒業の問題もあり、女房としては心を痛めていたのです。その頃、私は大学院で教育心理学を勉強していて、女房に食わせてもらっていました。それを見ていた女房に、「教育心理学の研究なんて、そんな机上の学問やっても、現実に困っている子がいるのに対応できないなら役に立たないじゃない」と言われまして。結局女房のかわりに家庭訪問をするということになったのです。暇でしたしね(笑)。

　もちろん、家庭訪問をしても、当然出て来ません。ドア越しに声かけたり、話しかけたりしてもうまくいかない。こっちも意地になりまして、「一度は顔を見てやろう」と思いました。お母さんの話では、「登校刺激」をすると(つまり学校に行きなさいと言うと)暴れるし、部屋の外に出ることはほとんどないということでした。普段は妹たちにも優しい良い子なんだけど、とも言います。総檜造りの立派な家に住んでいて、日当たりのいい所で昼寝している。僕なんか北風がビュービュー吹くアパート住んでいたので、彼のことを「怠け」じゃないかと思いました。

　彼と会うための作戦を立てました。その子に会いに行くという形じゃなくて、3人の妹たちの家庭教師として行くことにしたのです。妹たちは小学生ですから、勉強はほどほどにして、そのあとにドンチャン騒ぎをやりました。トランプに花札、カルタ……それで妹たちをワイワイワイワ

イと興奮させて、騒がせて。いわば「天の岩戸」の原理です（笑）。襖の向こうは何やら楽しそうだなと思わせようと必死でした。そうしたら、努力の甲斐あって、半年後にようやく襖がすーっと開いて、彼が顔を見せたんですよ！

　話してみると、半分はお母さんから聞いていたイメージなんだけど、実際は思った以上にいい子なんです。とってもおとなしくて色白の男の子。これはいったい何なのかと思いました。ユングにもフロイトの事例の中にも出てこない、精神病でないのは明らかだけど、対人不信や驚異が非常に強い。そこに疑問と興味を持ちました。これが不登校やひきこもりとの出会いですね。

●花輪先生は、小学校で情緒障害学級の担任をなさっていたということですが、小学校であることや障害児教育であることにはどのような理由をお持ちでしょうか。

花　輪：　小さい時から、学校の先生になりたいという思いはありました。今だから話せますが、中学 2 年の時に、大好きだった吉永小百合さんに手紙を書いたんです。「大きくなったら小学校の先生になりたい」と。もちろん返事はいただけませんでしたが（笑）。

　その当時から、生意気かもしれませんが、「教育」は「知識の伝達」ではなく、感受性とか心を育てていくことだという想いがありました。それで、中学や高校ではなく、小学校の先生になりたかった。子どもの成長を考えていくのに、一番大切な時期が小学校だろうと。そこで、たまたま障害児教育に出会った訳ですが、子どもの感性を育てると

いうことを突き詰めていくと、障害児教育につながっていくのだと思うようになりましたね。

● 花輪先生から「教育」という言葉がでましたが、この流れですと不登校についてもいろいろお考えがあるかと思います。「不登校」に関して、お二人の考えやスタンスなどをお話し下さい。

花　輪：　障害や問題行動に限定してそれらと付き合うのではなくて、誰それという名前をもった子どもと付き合うという考えで私はやっています。たまたま目の前に来た子が自閉だったり、不登校だったり、そういうことの違いでしかないと思っています。このスタンスを非常に大事にしているつもりです。

牟　田：　先程も、疑問と興味と言いましたが、いまでも、好奇心というか、「いったいなんなのかな」という疑問は続いています。昨日の夜も、お母さんたちとやっている夜間セミナーで、「30年間たって、やっと分かったことがあるんです」と話してきたばかりで、分からないことはそれほど多い。積み重ねでやっと少し分かってきたといったことが実感です。

　　　　　不登校の問題は、密接に「教育」の世界と、「心理」の世界と、「医学」の世界と、それから「社会環境」と、全部くっついています。この奥の深さというのがとても面白いところです。

　　　　　また、明らかに病的な関わりよりも、人間としての交流を通して、人間的なふれあいをもっていくべき仕事なんだろうと思います。精神医療の問題でも、純粋な心理学の世界でもなく、もっと子どもの心を理解しながら、ケースワ

　　　　ーク的にその子をどう成長させていくかというような、そういうのが本来の「教育」の問題じゃないかなと思います。

花　輪：　私もそう思いますね。ただ、私はあまり「なぜだろう」とか考えないで、「何がこの子のプラスになるだろう」とずっと考えてきたんです。いろいろ分析しても、ピントがズレていく可能性があると思うので。「何がプラスになっていくか」を考えていくと、非常に楽になってきます。そういうことを積み重ねてきたので、今はそういうことを少し整理しているところです。その中から見えてくるものがあるんじゃないかと思います。

牟　田：　「その子にとって何がプラスになるのか」という考え方はいいですね。

● 「何がプラスになるのか」というのが、お二人に共通しているお考えのようですが、よく言われる原因分析や理論といった方法についてはどう思われますか。

牟　田：　いわゆる分析をして、問題を整理して、そして論理的に組み立てていって、どうやって一般化するのかと考えていくときには「仮説」をたてますが、30年間仮説をたてて、うまくいったのはほとんどない。だから逆に、論理的・科学的思考には限界があることを実感しています。

　　　　「仮説」「推論」をたててきたことの例では、いちばん最初は「母乳」と「人工乳」の違いがあるんじゃないか、とか考えたことがあります。「人工乳の方には副腎皮質ホルモンが入ってないけど母乳の方には入っている。副腎皮質ホルモンというのは生活リズムと関連がある。だからそれ

をひきずっているのではないか」。そういう推論をたてたのですが、それが思春期までも影響するわけがないんですよね。やはり論理的・科学的思考には限界があります。

花輪： 確かに仮にそれが証明されたとしても、もう過去の話ですからね。そのことはもう変えられないし、戻ることはできないわけですね。そこを探るよりも、今のことを大事にして、そこからスタートした方が良いというのが私の考えです。まぁ、本当はあまり勉強してなかったんですよ(笑)。だから、従来言われてきた、タイプ分けや原因探し、養育上の問題にしたり、生育歴を調べてとか、私の場合はあまり熱心にやらなかったから、かえって分かったと思うんです。

　原因を究明して事実をつきつめても、家庭の問題であれば親が落ち込むだけですからマイナスにしか作用しない。それよりも、仮にそうだとしても、今からね、こういうことをカバーしていこうとか、そういうことを考えていかなきゃいけないんですよ。それが従来は、原因が分かるとそこで満足していたんですよ。

牟田： 確かに今までは、分析して、課題を指摘して終わりとなっていましたね。しかし、その子やその家族は生きていかなくちゃならない。だから、私の場合は理論から入ることで実態との差を知ったのですが、「その子にとって何がプラスになるのか」は、やはりとても重要ですね。

花輪： 私も理論を全く無視しているわけではないのですけどね。例えば「理想的」に子育てをしている親はいないでしょう。「理想的な家族」なんてありえないわけですから、そういう目で見ちゃうと必ず問題点が出てきてしまう。マイナスに

見えるというか、「問題のある家庭」だとなってしまう。だから、実際に何をやっていくか、と考えていかなくちゃならないですね。

　やはり体験からというかな。あまり勉強してなくて適当だったのが幸いして、いろいろうまくいっているという面があると思います。

● 「家庭環境」がどうとか、「親」がどうとか、この「お子さん」はこういう要素をもっているとか、そのあたりの原因追求みたいなことは全く考えないということですか。

花　輪：　それはもちろん、何か原因があると思うんです。症状を形成していくものが、何かあると思う。だから全く考えないわけじゃなくて、そのへんは「戦略」と「戦術」だと思うのですよ。

　今からみんなでこの問題に取り組んでいくという時には、前向きに希望をもってやるということがすごく大事だと思うんです。私にはそのことがまず第一にあります。「親として、希望をもってこれからこの子に関わっていく」ということにならないとだめだと思います。

　原因を追求していくと、だいたいは犯人探しで終わって落ち込むだけ。指摘するだけでは解決しない。だからそれはやめたほうがいいという、まったくこれは「戦術」の問題です。原因を考えないというわけではありません。当然そういうことは考えるんだけれど、それを指摘したところで、始まらないと。むしろそういうことじゃなくって、いまから親として頑張りましょうと、一緒にやりましょうと

いう方がいい、そう考えています。

　また原因追求には問題もあると感じています。原因追及する人たちは、「こういう症状があるのだから原因があるはずだ」と考え、「だからその原因を探ってそれを除去すれば治るはずだ」というパターンから抜けきれていないと思うんです。それで対応できればいいのですが、結果的には誰かを非常に悪者にしているというのがほとんどの気がします。親側から言わせれば「学校が悪い」となりますし、学校側では「親が悪い」となる。関係が全然良くならないわけですよ。だったらそれよりも、そういうことはわきに置いておいて、親として何ができるか、学校として何ができるか、ということを考えていった方が良いでしょう。

●原因分析は、誰が悪いかの犯人捜しになって、それが分かればそこでおしまい、それよりも今できることをやろうということで「何がプラスになるか」なのですね。

花　輪：　いろんなところで言ってますが、「過去に戻るタイムマシーンはない」のです。いま、科学が発達していろいろと便利になってきました。コンピュータも素晴らしいです。でも、過去には戻れないのですね。そこに戻ってやり直すわけにはいかないのです。

　だから今やるべきことは、その結果如何に関わらず、その子に必要なことは何かって考えてやることだと思います。

3．不登校・ひきこもりの問題

●では、不登校・ひきこもりの問題にうつりたいのですが…

牟田： ある市の自治体の、いわゆる21世紀の教育プロジェクトの問題の中で、不登校問題も外すことはできないだろうということで、不登校を含んだ中で教育プロジェクトを考えたんですよ。そうしたら、ある大学の先生が「不登校問題」とは「問題」にするからおかしいのだと、不登校の子ども自身には何も問題がないのだから、不登校問題といって取り上げること自体がおかしいと発言して、それで流れちゃうこともすごく多い。こういう評論家的態度は困るんですよね。

確かに「不登校問題」という言葉について言えば、不登校の子ども自身には問題はないと僕も思います。例えば、今関わっている子は、いじめられています。その子は、年配の先生が授業をしているのに、クラス中がうるさくしているのを、「静かにしていよう」と言った。そしたらもう次の日からいじめにあってしまった。その先生とその女の子は分かり合えるんだけれど、結局その子は皆から除け者扱いされてしまう。それで学校に行けなくなっている子がいるんです。反応としてはその子の方が正常ですよね。授業中に先生の話を聞こうというのですから。先生が授業をやっているのに失礼じゃないかっていう感覚がその子の中にはあるわけですよね。

この例でも確かに不登校の子自身にはそんなに大きな問題はないのかもしれない。だけれども、その子が悩んでいることは事実なんですね。対人不安が強くなったり緊張が強くなったりしている。勉強が遅れたり、体力が落ちていったり、生活リズムが崩れていったりしている。それから

「今後自分の人生はどうなっていくのだろうか」という思い、それは何とかしないとだめなんですよね。だからそのへんをきちんと分けていかないと。不登校の子どもには問題はないけれど、不登校はやっぱり問題として考えていくべきです。

花輪： 教育プロジェクトには、今、手をかけなきゃならないものと、長期的に対応していかなくちゃならないものとがありますね。例えば、不登校とは子どもが川に落ちた状況だと思うのです。その時に「柵を作っていないからいけない」と行政に言う人と、「落ちた時にちゃんと泳げるようにしておかなきゃだめなんだ」と言う人とがいるんですよ。確かにそれはそうなんですけど、そういう野次馬じゃなくて、とにかく飛び込むのが必要だ、と思うのです。自分が子どもと直接出会って、そして何とかしようと。それは対症療法だという人もいましたけど、皆同じことをやるわけじゃないから、それはそれでいいと。牟田先生のお話に出てきた子のように、まさに今、川に落ちている子がいる。これはやはり問題として取り上げるべきことで、飛び込む必要があると私も思います。

●それではまず、不登校の子が増えてきたということについては、どういうふうに考えていらっしゃいますか。

花輪： まず一つの要素として「ストレス」があると考えています。学校という場で受けるストレスを私は「教育ストレス」と呼んでいますが、それは大きく三つに分けられると思います。一つは潜在的に皆が受けているストレス。教育制度とか

仕組みとかも含めてね、例えば一クラス何十人という中で一斉授業を受けなければならないこととか。テストがあるとか、入試があるとかね。しかしそれはストレスの元だとは思いますけども、今すぐに変えられるような問題ではないわけです。誰でも受けるような、しかも直接的ではないようなストレスだと思うのです。

　二つ目に「直接的なストレス」があると思う。例えばいじめの問題であるとか、教師の体罰の問題であるとか、そういうのはかなり直接的で、しかも本人が避けられないところがあるわけです。そういうストレスがあると思う。

　三つ目は、大きくなったり小さくなったりする性質のストレスがある。例えば子ども同士の人間関係が良くなければストレスになるし、良ければストレスは小さくなるわけでしょう。それは子ども同士の人間関係とか、あるいは教師との人間関係とか、授業そのものとかですね。例えば嫌々やってるのはストレスになるわけでしょう。ところが自分から進んで面白いと思いながら学習に取り組んでいればストレスにならない。そういう意味で、努力によってストレスを小さくすることができる性質のストレス群があると思うのですよ。

　潜在的に、生理的に、いろいろな意味で受けているストレスと、本人の努力によらない、いじめとか体罰とかによるストレスと、それから努力によって大分変わる直接的なストレスもある。一様ではないわけです。例えば同じ授業でも「わかる」という子にとってはストレスではないけれども「わからない」という子にはストレスになる。そうい

うふうになりますから、同じ状況でも子どもたちによってはストレスが違うということになると思うわけです。そういうふうに学校で受けるストレスというのが今は昔より多くなっているのだと考えるのです。ストレスのもとであるストレッサーがいっぱいあるともいえる。

　もう一つの要素は今度は本人の心理的な成長と発達の状態で、それがストレスとからんで起きるのだろうと考えています。要するに、ストレスがいっぱいあっても全員がなるんじゃなくて、それらが個々人の心理的な成長と発達とからんで起きるのだろうと考えているわけです。例えば、風邪のウィルスがいっぱい増えているとします。しかしここの部屋にいる人が全員風邪をひくわけじゃなくって、たまたま寝不足であるとか、体調が良くないという人がひく。ひかない人もいるわけですよね、同じような状態でも。ですから子どもたちも、同じような状況の中にいても、心理的な成長の問題と絡んで問題は起きるのだろうと考えています。そうすると、ストレッサーが多くなっているというのが時代的にはあって、それとやっぱり一人一人の発達の問題があって、昔より不登校が増えているんだろうと思います。

　それが不登校発生のメカニズムだと考えてみると、今度は予防ということも、そこに対応していけるのではないでしょうか。従来、不登校増加の原因として、行政が悪いとか文部省が悪いとか、あるいは家庭が悪いとか本人の性格の弱さだとか、いろいろ言われてきました。でも、私としてはそれは部分的なものだと思うので、それよりも今言ったみたいに教育ストレスということで全体を考えて、その

ストレスを三つに分けて捉えます。例えば第一のストレスに関して、今の制度を変えよう、入試とか受験戦争はないほうがいいとかいっても変えられないですから、長い目で見ていかなければならない。ただ第二・第三のストレスに関しては、今努力できる部分はあるわけです。子ども同士の人間関係とか、分かる授業を進めるとか。そういうふうに整理していくと少しは見えてくるかなと。

牟田： その通りだと思います。花輪先生のように三つに分けて分析ということはしていませんが、私は「家族関係と時間のストレス」ということを考えて同じようなことを思いました。

　一つは、子どもが家庭で０歳から６歳までに情緒などが育っていく時に、親と子の関わり方が本当にできているのかという問題があると思うんです。例えば「教育オモチャ」がすっと入ってきてしまって、その「教育玩具」を介してお母さんが子どもと遊ぶということは多い。それの方が楽だって言う人はたくさんいらっしゃるんですね。いわゆる手遊びをするとか、おはじきをするとか、お手玉を作って遊ぶとか、そういうような遊び方はお母さんにとってストレスになるといいます。今の時代は、お母さんも高学歴ですから、自分が知ってることを教える教育玩具を使った遊びにはそれほどストレスを感じないのだけれど、おはじきをするとかお手玉をするとか昔の人にはストレスじゃなかったことが今のお母さんにはストレスになる。それと同じように、子どものいろんな発想や、思いに付き合っていくというのは、今のお母さんにとって大変なことなんです。そういう親子関係で、乳幼児期の関わりの時期に情緒の部

分をどこまでうまく育てていけたのか、という疑問を覚えます。そのへんのところで「孤立している家族関係」という感じがします。地域全体の環境が整っていて、仲間がいて、孤立していないで不安なく皆で育てていく、そういう中でのゆとりのある育ち方を、果たして今の子どもがしているのかというとすごく疑問がある。

それから、もう一つは、花輪先生のおっしゃった「教育ストレス」の問題です。例えば大人の労働時間の問題でも、今は2000時間を切るぐらいにというような指導がなされてきていますよね。ところが、東京や神奈川の中学生なんかは、統計も出ていますけれど、学校に行って、週に３日ぐらい塾に行って、部活やって（衰退気味にしても）、それから宿題をやって、と大変忙しいスケジュールです。これをざっと計算すると3600時間ぐらいになるのです。夏休み中も部活っていうのもありますからね。一人でいる時間が少なくなって、子どもたちには過重に負担がかかっている。それがとても大きなストレッサーになっていっているのではないでしょうか。

それでは今の子どもたちが、たまに一人でいればぼんやりしているかというと、そうではない。自分自身の世界（精神世界）を広げるような、例えば読書などの時間は極端に減ってきてしまっている。それに対してゲームやテレビやビデオを見る、漫画を読むというような、いわゆる受動的なことがすごく多い。受動的であること、つまり管理されることは、子どもたちにとってストレスにもなるんだろうけれども、楽にもなるっていう部分もある。そういう

育ちの問題ですね。家庭の問題でも学校の問題でもない社会全体の問題、そのへんの問題があると思うのですね。

花輪： そうですね。私はさきほど「学校」という言葉で言いましたけれども、社会全体のストレッサーが学校そのものに影響を与えているということと、牟田先生のおっしゃる社会全体の問題に学校そのものが影響されているということが、大枠であると思うのですね。それが一つ。

それから育ちの問題は、先ほど言ったように個々人の成長発達の問題とからんでいる。全員が不登校になるわけではないし、全員が風邪をひくわけではない。その一人一人の体調の違いというのは今言った育ちの問題とか、あるいは性格の問題というのがあるんじゃないかと思うのですね。

そういうふうに社会全体の問題と個人の育ちの問題との両方を考えていかなければだめだろうと。今の教育の仕組みがだめだとか言っているだけでは不十分だと思います。

牟田： 「原因」論からいっても「学校犯人説」には何も意味がない。同じく家庭の要因説、本人の気質説、これも全部絡み合ったかたちで出てくるから、何か一つ原因を取り除いていったとしても意味があまりないですね。様々なことが絡み合っての増加ですから。

●不登校増加の原因は、子どものストレスと育ちの問題とが絡み合ったところにあり、どれか一つ原因を取り除いたからどうなるものではない、ということですね。

では、逆に、様々なストレッサーで子どもが学校に行けないという状態になるのは何故なのですか。

牟田： 物理的な理由が最初だと思いますね。学校に行こうと思うとお腹が痛くなる。それから頻尿になってしまうために家から学校までもたなくなる。頭痛だとか、あるいはもっと単純に朝起きられなくなってしまうとか。まず、心の問題から来る身体的な状態相の悪化から行けなくなる。だけど病院の検査では何も出てこない。ただ自律神経失調症を含む様々な症状は出ていて、それで行けなくなっている状態相を作っていると思うのです。

花輪： 私は、不登校は学校に対する「すくみ」反応だと思っています。他のところは全部大丈夫だけれども、学校には行けないという「明るい不登校」もいますけれど、それもやはり学校に対して「すくむ」ということだと思います。それでは、なぜ学校に対して「すくむ」かというと、彼らの世界のかなりの部分を占めているのが学校なので、対象にならざるをえないのだと思います。

●不登校のお子さんやひきこもっているお子さん自身は、そういうことを意識しているのでしょうか。

牟田： 自分でもよく分からない不安というのはあるのでしょうね。こういう子がいるんです。その男の子は中学2年生から不登校になってひきこもりました。その間パソコンばかりやっていて、パソコンにはすごく詳しい子です。彼は「高校には行きたいな」と思って、キリスト教の学校を受験して合格したのですが、五日間しか行けなくて、それでまたひきこもったんです。それで、同世代の関係は無理だからと、カウンセリングと少し勉強を入れていきました。頭の

いい子で、2年間かけて少しずつ変化していって、20歳になった時には、ちょっと下の子どもたちのパソコンの面倒を見ながら、自分の勉強をやっていくことになりました。最終的に何がやりたいのって聞くと、「パソコンの技術は完璧に身に付けたい」と言って、それならやはり大学に行った方がいいかなとなって、センター試験を受けたのです。そうしたら思わぬいい点とってしまったわけですね。するとそれで、普通の人なら喜ぶところが、彼は顔が青ざめだしたんです。これは受かっちゃうかもしれない、どうしようって。受かったら親は必ず行けと言うだろう。しかし、自分はまだ行けない状態だと。わけのわからない不安が来るんですよ。「先生、どうしたらいいでしょうか。もうちょっと手を抜いて試験を受けるべきだったんでしょうか」と。普通の人は受かるために勉強するのだけれど、彼は変わってて、受かると不安になるわけです。不安の原因がはっきりしないわけ。ただ、先取りする不安がいつもあるんです。予想して不安が大きく大きくなっていく。それはなぜかっていうと同世代の体験が非常に少ないわけですよ。やっぱりイメージとして大学と中学は違うっていうのを僕らは経験的に分かるのだけれども、彼らには分からない部分としてあるわけですよね。その不安というのは本人以外には理解しにくいです。

花輪： 対象のはっきりしない不安を感じるんじゃないかとは私も思いますね。例えば本人たちは言いますよね。「この学校はだめなんだ」と。自分が在籍している「学校が悪いんだ」と。「あの先生もだめだし、クラスもだめだ」と。じ

ゃあ転校してうまくいくかというと、なかなかうまくいかないですよね。それは、本当の原因は、学校とか集団とかそういうことに対する漠然とした不安が主たるものなのに、「あの先生が」というように何か具体的なものを原因だと、本人や親が思い込んでいるからですよね。

　さっきのお話のお子さんだと、自分がまだ行けないと言うのは自分をまだよく見ているわけで、自分を知っていると思うのですよ。そうでないと、あれが悪いから自分は行けないとか、あれがなければ自分は行けるとかなりますね。これが高校生ぐらいになると自分を見つめているから、多分別のところに行っても自分はだめだろうとか、合格しても今はまだ無理じゃないかとか、よく分かっているんですよね。この間会った高校生も、親は転校を勧めているんですけど、本人は「私は他の学校でも行けないと思う」と言うので、自分を見ているなぁと思って、そしてそのことを伝えたらその子は非常に喜んだんですよ。何ていうか、「自分だけがそう思っていた」と思っていたのに、私が「よく自分を見ているね」と言ったから、そこでまた安定してきて、今は積極的になってきています。私はそういうものだと思うんですよ。

　不登校やひきこもりの場合、具体的にここに問題があるからいけないという方が、むしろ単純に解決できそうですよね。その障害物を取り除けばいいだけですから。ところが、この問題はそうじゃないんですよ。だから難しいと思うんです。

　ある不登校の中学生に、小学生の妹が「お兄ちゃん、何で

学校行かないんだ」って言ったら、その中学生は「俺にきかれても困る」って言ったという話があります。それが本音だと思うんです。自分でもよく分からない状態なのでしょう。

　いろんな調査で、きっかけは何かとか、原因は何かってありますよね。私はそれは意味がないと思います。なぜなら、きっかけはあったかもしれないけれども、それが原因ということにはならないと思うからです。それを原因だと思って皆対応するから間違えるのです。それはやっぱり引き金でしかなかったと思うのです。エピソードはね。その時、弾が込められているというのは別の状況だと思うのです。たまたま引き金はそういうトラブルとか、そういうことにあるのだろうと。

牟田： だから、どうして学校に行けなくなったのかっていうのは、いちばん答えにくい部分なんです。実際に子どもたちにしてもね。大人から言われるから、しょうがないから言わざるをえないとかですね。理由がどんどん変わっていく子がいるでしょう。周りの人を納得させるだけのリップサービスにしかすぎないのですね。

　それから親や先生がする登校刺激の他に、「内的登校刺激」という本人が自分で攻める登校刺激もあるんですよね。なんで自分は行けないんだろう、どうしてだろうって考えても、答えは出てこないんです。でも、尋ねられた時には一応休んでいるわけだから何か言わなくちゃいけないし、自分の心もとりあえず納得させたい。そういう感覚がある。

花輪： 先生がおっしゃったように本人が分からないというのが現状だと思います。だから私は、ひきこもりの子に対した

　　　　　時、本人とではなく親に会った時に、「本人も理由は分からないはずだ」と言うのです。それが本人に伝わっていくと、「ああそうなのか」と本人も思う。なぜ動けないのかと今まで苦しかったのが、「そういうものだよ、そういうことはあまり考えないで、今から考えていこう」と伝え聞くと、本人も非常に安心してくれるんですよ。今までと違う考え方をしてくれる人かもしれないとか、自分でも分からない自分のことを、この人は分かってくれるかもしれないっていうふうに思う。それでどんなやつだろうってことで会ってくれるんですね。本当に家族とも会わないような子が。そういうふうに、自分で理由が分からないと苦しんでいる子どもに伝わるように、「分からなくて当たり前、原因探しはやめよう」とお母さんにちょっと言うんですよ。そうすると、本人は安心できて、会ってみようかなってなるんですよね。

牟田：　手法として「どうして学校に行けないの」と聞くのは良くないですよね。私は絶対にそんなことはしません。本人がそのうちにこうなのかな、ああなのかなと言うまで待っていますよね。そんなのどうでもいいことですもんね。

●今までのお話で、不登校の原因は様々なものが絡み合っているとおっしゃっていましたが、その中でやはり子どもに身近な環境である「学校」「家庭」をとりあげて考えてみたいと思います。
　　まず「学校」についてお話し下さい。

花輪：　こういう不登校の問題を語ると、よく、「学校に行かないでいい」という主張に発展していくことがあります。けれど私は、そうじゃないと思うんですよ。かといって、無理

にこうギリギリで戻すべきだとは思っていないんですが。ではなぜ「学校」に行くべきかというと、「社会の中で生きていく」ことを考えた時、学校と社会とを分けて考えるべきじゃないと思うからです。子どもにとっては学校が社会ですから、それと関わりながら生きていく、というふうにしていかないとだめだと思うのです。

　評論家の方は「学校なんか行かなくていい」とかあっさり言いますが、そうでしょうか。学校に変わりうる社会があれば、それはそれでいいと思うんですけど、そうでなければそれは問題だと思います。大体、そういうことをおっしゃる方は皆学校を出ているんですよね。ひもじい思いをしている人に、食堂から出てきて「あそこはおいしくないから食う必要はねえよ」っていうのと同じで、非常に無責任だと思います。学校と社会を別物と考えるべきじゃないと思うのですよ。子どもにとっては、学校はやっぱり社会だと思うのです。そことどう関わっていくかということを考えていかないと、「学校に行かなくても将来社会に出れば」とは簡単にはいかないと思うのですね。

牟田：　やっぱり同世代の人たちが交流する場は学校しかないですね。不登校だった子どもたちも、最終的には学校に戻って、同世代たちの関わりの中で自分も周りの人の中でやっていけるぞという自信を獲得していく、それから技能的なものも獲得していく。そういういわゆる「獲得をする」ということをしていかないと、なかなか難しいですね。

花輪：　急に社会に出ろといっても難しいですからね。

牟田：　学校とは、社会に離陸するための育ち合う部分です。そ

れは不登校の子どもにとっても同じだと思うのです。育ち合う場所がない限り、本当に離陸することはできない。そういうふうに不登校のことを考えていかないと見えてこないと思いますね。

● 「同世代の交流」の必要性をおっしゃりましたが、異年齢の子と関わる「縦割り」もまた重要だと思うのですが、兄弟が少ないとか縦の関係は減っていると言われてます。そのあたりについてはどうでしょうか。

花輪： 縦の関係が少なくなっているというのは事実だと思います。子ども達自身では自然発生的なグループを作ることはできなくて、スポーツ少年団であるとかサークルだとか、いろいろ大人がセットしてやらないとできないということがある。ただ、その原因として、都市化だとか核家族だとか少子化だとかいったものはあまり関係ないと私は思うのですよ。田舎で昔の生活環境が残っているようなところでも不登校の子はいますしね。昔は都市部に不登校が多いとか言われましたけれど、そういう差は今ではあまりないと私は思います。

牟田： 確かにもう今では都市部と田舎の差はないですね。縦横の関係については、やっぱり縦の関係も横の関係も両方必要だと僕は思います。縦と言ってもそんなに大きな差はなくていいんです。縦の年齢差による遊び方と、横の年齢差による遊び方。例えば幼稚園は横の連繋が主なんです。ところが保育園では横の連繋もあるけれども夏休みになったら縦も連繋したりする。だから保育園の場合は縦と横の社

会を作っていくという具合で、保育園出身者の方が不登校が少ないんです。ひとつの根拠になっているんじゃないかな。だから子どもが自分の人間関係を育むことができるような地域が本当は必要なわけです。花輪先生のおっしゃるように、今は大人がセットしないとだめなんだけれども、本当は大人がセットしないで自分たちが作る子ども文化みたいなものがある方がいいんですよね。

花輪： そうですね。例えば学校なんかでも今は「縦割り」を意図的に組んでやってる試みもありますね。それは危ない状況なのですね。自分で人間関係というものを育てていく力がないと、大人になってからも大変なわけですから。本当は自然にできなければいけないものなのに、お掃除を1年生から6年生でやったりとか給食を食べたりとか、子どもをそういうグループにしたりとか、昔は必要じゃなかった。今はセットしないとだめな状況なんでしょうね。

●「学校に行くこと」の意味、その中でも子ども同士のつき合いの重要さをお話しいただきました。では学校のもう一方の当事者である教員についてはいかがでしょう。

牟田： 教員の質についてはすごく極端なんです。それが普通の小・中学校であっても、障害児教育でも、通信制でも、定時制でも。非常に熱心に、ここに自分の教育の原点があると思ってる先生と、どうしようもない人が人事配置でやってくるのと、その組み合わせがあるわけです。

花輪： 私の専門とする障害児の学校でも両極端です。すごく一生懸命やってる先生と、何年間か我慢したあと戻るんだと

思ってる先生と、そこの落差は激しいですよね。私なんかも障害児教育ずっとやっていますと、「いつまでそんなことやってるんだよ」と言われたりしますね。そう見ている人が多くいます。「教育」をやってる場合は「普通教育」がメインで、教頭や校長になることが目標みたいなことがあって、それで「お前いつまでやってるんだ、障害児教育なんて」と言われるのですね。私なんかは現場というか、臨床ということをずっとやりたいと思っていたのですが、なかなか理解されません。

牟田： まぁ、それが本流の流れですね。もちろん、いい校長や教頭になる先生だっているのですが。

花輪： あと気になるのは、学校の先生というのはどうしてもこぢんまりとしていますね。ほとんどが子どもの時から問題なく、ご自分はある程度いい成績できて、順調にきているという人ですから。

　　　　だから、がき大将の心理なんてのはなかなか分からないでしょうし、挫折体験もあまりないでしょう。それでああいう一種独特の世界になっちゃうのではないでしょうか。

牟田： 世襲制度じゃないけれど、親が教員だと子どもも教員だとか、そういうのもすごく多いですよね。地方でも都市部でもこれは見られます。

花輪： むしろ田舎の方だと、大学を出て仕事をする所ってないんですね。結局、教員とか、あとは市役所・県庁ぐらいしかないんですよ。あとは銀行とかね。大企業がないですから。社会的には非常に地位が高いですね。そういう意味で選択肢があまりないですからわりと続くんでしょうね。

牟田： すると一種独特の雰囲気のままどんどん行っちゃうからどんどん遊離するわけです。そういう家庭なり環境の中で育ってきているわけですから、一般の人たちとちょっと感覚がズレてきますよね。

花輪： 全体的に、私は、学校というのは、職場としては偏っていると思うんですね。大部分は大卒なわけです。教員は全部まあ大卒で、事務とか他の職員とかでは違う場合もあるけれど、やはり特殊な社会だと思うのですね。普通の会社だといろんな人がいるわけですが、そういう意味で言ったら、一種独特でしょうね。

　あとは他の世界との接触が非常に少ないわけです。例えば、地域で活動している人などあまりいないわけでしょう。「地域とのつながり」とは言うのだけれど、自分が、例えば自分の地域で何かやってるかとかいうと少ないですね。そういう中で、彼らにはなかなか理解できない子ども達がいるんでしょうね。

　「不登校」の問題と付き合ってきて、最終的にいちばん「壁」が厚いのは「教師」だと私は思っています。親は、最初はぶつかりあっても、まず分かりあえるというのがある。教師の世界というのは、そういうのは表面的には非常に分かったかのようになるんですけどね、いちばん壁が残ってるみたいな気がしますね。「何でできないんだろう」「何で、ちゃんとやれないんだろう」というのから抜けきれないでいると思うんですよ。不登校に限らずＡＤＨＤの子たちに対しても、「何でこんなことやるんだ」「ちゃんとできないんだ」と、本音としてどうしても持ち続けるんだ

と思うんですよね。表面的には非常に理解したようになるのですが、そういうところから抜けきれていない。表面的にはいちばん話が分かるんですよ。「そうだね」って言いますから。

牟田： 「知的理解」なんですよね。つまり「論理的」には「分かる」。けれども「感情的」というか、本質的には「納得していない」というわけですね。

花輪： 子どもの問題というのは「情緒的」な世界ですから。それを「論理的」な世界で理解しようとするからだめなんですね。「情緒的」に共有していかなければいけないんです。

牟田： その「情緒的」な交流が、教員は下手になってきていますね。

●それでは具体的にお話しをうかがっていこうかと思います……。

花輪： 例えばこの歌を好きだ、嫌いだ、知らないというのがあった時に、こっちが好きだと話ができるんですけど、こっちが好きじゃないと話ができないとかね。本当は我々は好きな人には好きなように、嫌いな人には嫌いなように付き合おうと思うわけですよ。人との交流っていうのはこちらを変えていくべきなんですけど、学校の先生はそれが苦手なんです。だから合う人と合わない人がでてくるわけです。

花輪： これは「職業病」でもあると思います。例えばカウンセラーにいちばん向かないのは「教員」だと思うんですよね。結局「教える」というのが仕事だから、その反対のじっくり「きく」とか「共感する」とか「待つ」ということができない。教科だけじゃなくてそれが他の面でも出るわけで

す。だから親から相談があっても、よく分かりもしないのに「教える」んです。それはやっぱり「教師」の体質です。

牟田： 指導ばかりですよね。
　　　学校が嫌いだとか、行きにくいとかいう想いと、それから、行かなければならないという、そういう矛盾した非常にこうアンビバレントな状態にあるのが不登校の子どもたちです。白と黒がはっきりしている部分もあるし、実際には「学校に行かなくちゃいけない」「でも行けない」という間に自分がいるわけですね。だからグレーなんですよ、そういう意味では。そういう子たちにも「指導」してしまうのが教員ですね。

花輪： 頑張れとか言うと「行けない」という方が大きくなってしまうわけですよ。

牟田： 逆につらくなってしまうのですね。学校の先生ですと、全部指導じゃないですか。学習指導とか生徒指導とかね。なんでも指導ですね。宿泊指導ですとか。ついつい出てしまう。その感覚とちょっと違う部分があるんですよね。

●なぜ先生は、そう指導ばかりになってしまうのですか？

牟田： 学校には、不登校ということに対してマイナスのイメージがあるのです。「不登校になっちゃった」という考えですとか。クラスから出たとか。責任がどうとか。

花輪： それはありますね。学校の恥とかね。
　　　ある教育事務所管内で、各学校が不登校のデータを正直に出そうということになったんです。そうしたら少し数が増えたんです。すると県から「なぜ増えたのか」とか、そ

の原因の分析と対策をちゃんと書面で提出しろとか指導がきた。そうなると、もう出したくなくなるわけですよ。

　以前、私が県にいた時、不登校の研究調査をしました。その時は、何日以上とか区切らずに、「先生方がこの子は不登校だと思う子をあげてください」としたのですね。今までの調査方法だと、毎日来ているけれど保健室登校だとか、30分ぐらいで帰っちゃうというのは、統計上は出席になってしまうのです。でも実態は不登校でしょう。だから、そういうのを全部不登校としてあげてくださいと。その調査結果は、実態に近いんじゃないかと思いましたね。

　実際に、先生方から見て不登校だと思う子をすべてカウントすると、数字的には大変な数字になるんです。それを出すと、とにかくなぜ今年は増えたのか説明しなさいとなるからまずいんですね。だから先生方は、この程度はカウントしないでおこうとなるんですね。いじめ問題だって同じだと思うんですよ。

牟田：　やっぱりそこに「管理」みたいな面があるとね、子どもの回復にはつながらないと思うんですよ。

花輪：　そうですね。管理するために数字で測るのはやめてほしいですね。結局、その子たちが切り捨てられているということですからね。

　そういう制度ができた時に、「数字で評価するのをやめてくれ」と言ったのですよ。結局は数字で判断することになったのですが、ただその時は「まだ学校に行っていない」というのと「何らかの形で登校」というのが項目としてあったからまだ良かった。「何らかの形」というのは、ちょっ

と一回行ってみたとか、全面的復帰ではない相談室登校が入っていますからね。しかし次の年は、「登校」か「否」かになっちゃったんですよ。これだとちょっとでも行ったのは登校にカウントになって、なんとか一日でも行けばそれが成績になるわけですから実態から離れますよね。これが数字で測ることから起こる一つの問題です。それから、ひきこもっている子は対象としないことになったんです。戻りそうな子だけを対象として、何人見て何人という、恐れた通りの展開になるんですね。そういう見方になると、何人見て何人戻った、その戻り方なんてどうでもいいとなる。それだと、強引に学校に戻すとか、あるいは、いちばんに目を向けるべき子が捨てられて、来られそうな子だけやりましょうという話になっちゃうんです。こういうことになるから、この制度が出た時に、とにかく数字で測るのはやめてほしいと頑張ったんですけどね。

　この制度のせいで、学校から不登校を出さないために、引きこもりは対象としないとか、強引に身体計測だけでもさせるとか、50日以上休むと卒業できないと脅しをかけたりとかね。そういうのが実際にあるんですね。ですから数字で評価するんじゃなくて、中身を見てもらうようにしないとうまくいかないですね。

　50日以上と言われてあきらめた子もいます。「どうせ僕は進級できないんでしょう。行ったってしかたないよ」って。実際はそういうことはないのだから嘘をついているわけですね。卒業させないぞっていいながら卒業させているし。

牟田：　内規上の脅しをやるわけですね。

花　輪：　はい。やっぱりそれは問題を理解していない方ですね。だから私はそういう意味で不登校の問題をどう考えるかということを、今、その学校に不登校の子がいないとしても、しっかりと勉強すべきだと思うのですね。そうでないと不登校を非常にネガティブに考えて、子どもや親を責めていくというふうになる。

　まぁ一般的には学校は閉鎖社会ですから、情報公開なんかも非常に遅いですし、そういうのが絡み合っているんでしょうね。

牟　田：　そのへんの難しさや、怖さというのがあるんでしょうね。

花　輪：　結局、自分の教育というものの失敗ととられるんじゃないかという恐れがありますから。でもやはり、不登校はどの子にも、どの家庭にも起こりうるんだと今言われているのだから、そういう意味ではもっとこうフランクであるべきだと思うのです。

牟　田：　もう言われてから10年たちますからね。

花　輪：　それでいて「家庭が」とか、俺の組から出したくないとか、だから今年中に何とかしなきゃとか考えちゃうんですよね。卒業までに学校に戻さなきゃとか考えますが、その後のことを考えていないですから、卒業間際に学校に復帰してもまた中学校で同じように起きたりとか当然あるわけですよ。

花　輪：　こうなってしまうことの原因は、やはり数字だとか報告書だとか、そういうものにあるのだと思います。

　県にいた時に、教育相談で一年間の研修に来たことがあって、その時に当局とかけあって、報告書を書かないでい

い形にしてもらったのです。報告書をまとめるために頑張るというのはおかしい。狙いは何なんだと。プレイヤーを育てるためであれば育てるべきで、その時には余計な論文や報告書を書かせないで、Ｂ５一枚ぐらいで、そのかわりちゃんとやれるように、対応できるようにするべきです。立派な報告書ができても臨床的にやれるとは限りません。本気で考えるならその負担はなくすべきで、そのかわり電話相談の応対だとか、鍛えるんです。

　　結局は評論家じゃなくてプレイヤーを育てるのです。試合であれば、野球でいえば評論家が「キャッチボールが大事だから」といえばそればかりをやっているようなもので、確かに大事だけど試合は始まっているのです。具体的な方が大事です。

● 「学校」について、いろいろとお話を伺いました。次に「家庭」についてお話下さい。

牟　田：　まず目立つのが親の先回りですね。子どもが自主的にやるということの大切さを、不登校やひきこもりになると、途端に忘れてしまうようですね。

　　例えば、私たちのところに来る人たちは、親の不安から来るのです。「子どもが行けなくなっちゃった」「どうしよう」「この子、中学も高校も行けなくなっちゃって、将来どうなっていくのだろうか」って親なりに考えるわけですね。具体的に先取りする不安で青写真を考えてしまう。「自分の子育てが悪かったんじゃないか」とかね。親が来るのは子どもの不安で来るんじゃなくて、まずは親の不安だと思

うのです。自分が納得したいから来るのです。そんなこと言ったら親がカウンセリングに来なくなっちゃうかもしれないけれども。

　だから、親が相談に来た時は、「それは親の不安ですね、それは分かります」「でも子どもが動きだせばそんなのは解決できるんですよ」ということをまず伝えています。別に中学校に行けなくても公立高校に行けるような時代にもなっているし、いろんな手だてや大検もあるし、留学もあるし、勉強しようと思えばいくらでも方法はありますから。ただ、親が今まで先回りしてきた部分をやめて、子どもが自主的・自発的にこうしたいああしたいというところを伸ばしてあげる方法を考えてもうらうようにしています。最初の話に出てきた「プラスになること」を考えようというのがこれです。臨床ではそうなりますね。

花輪：　親は大部分は自分のせいじゃないかって思っているわけですよ。自分を責めているんです。それは、親のエネルギーが子どもに伝わるということを考えると、良い状況ではない。

　だからむしろ、そういう部分は考えないでと言うと親は安心する。必ずしもこれはマイナスじゃないっていうことが分かると安心できるんです。子どもの問題と親の問題がありますが、親が不安でいるのなら、それは解消してあげる必要がありますね。

牟田：　親の不安も、病的な人じゃない限り、大体具体的なんですよね。親の不安というのはいろんな方法論を言ってあげれば解決していくと思うんです。

花　輪：　臨床の話になりますが、私は親との最初の面接を非常に大事にするんです。そういうふうに希望をもって親として頑張れるようになればいいって位置づけています。そのために、私は最初の時に「子育てのせいでこうなったんじゃない」って宣言しちゃいますけどね。お母さんの育て方が悪いためにこういうことになっているんじゃないから自分を責めないようにって言いますね。

牟　田：　それは花輪先生だからかもしれません。ひどい例もあります。例えば退職校長で相談員になっている人がいます。それで、生育史からずっと聞いていって最後に「子育てに失敗しましたね」と言うのです。これはお母さんたちにとってはすごくつらいですね。

花　輪：　ひどいですね。だって、うまくやってる人なんていないですから。必ず問題はあるんですから。そのへん、私は、正しいか正しくないかじゃない。プラスかどうかって考えていくのがいいと思うのですけど。

牟　田：　親が落ち込むと子も落ち込みますからね。親子ともども落ち込んでしまいます。ですから長期化の引き金をひいているのがそういう相談員だったりするケースもあります。

花　輪：　過去に戻れないのにそういうことをズバッといって、それで何もフォローがないですからね。あれは言い訳でもあるのですね。「このせいだ」って言って、決定的なもので、自分たちは何もできないということの裏返しだと思うのですね。

　　　　　私の経験から一つ例を紹介しますと、中学生の女の子で、非常に不安の強い子で、街にも出られない、周りの人は皆敵で襲ってくるように見えると言う子がいたんです。今は

元気になって、大検から大学に行っているのですが。

　その強い不安をもつ子が、両親が私に会いに来た次の日に来たんですよ。もう電車にも乗れない子がね。その時にこう言ったんです。「親はいろんなところに相談に行って、いつも落ち込んで帰ってくる。でも昨日は違った。どんな人に会ったのか私も会ってみたいと思った」と。彼女は、相談から帰ってくる両親は元気そうにしているけれど実際には落ち込んでいることを見抜いていて、自分のせいで親に迷惑をかけてると悩んでいた。会社も休んで、自分のために心配をかけている。全部自分のせいだと思うとかなり落ち込むんだそうです。死のうかなと考えたこともあるらしいのです。ところが、私の所から帰って「ただいま」と言ったお母さんの声が明るくて、「おや？」と思ったと。相談から帰ってくると、元気そうに明るくふるまってるけども、本当は落ち込んでいるというのが大概だった。養育を聞かれてズバッと言われてご両親は落ち込んでいるのですね。ところが、その日は明るかったと。「いったいそのハナワという人間はどういう人間だろう」と思ったらしいのです。それで「会ってみたい」と思って来たんですね。

　それを聞いて、その親御さんと会った時に、その親御さんが安心できて希望が持てるようになるっていうことがすごく大事なことだと思ったのです。それはその子から聞いたことで、教えられたことだと思うんですけど。

　それ以来、言葉は悪いけれども嘘でも何でもいいから、養育のことは原因じゃないって言おうと思ったんですね。そうするとすごくうまくいく。過去に問題があるっていう

のもいっぱいあるとも思いますが、だからといってそれをつついてもしようがない。それよりもこれから一生懸命できる部分に今から取り組んでいけばいいわけですから。そういう意味で養育の問題ではないと。「タイムマシンはないんだよ」というのはそういうことです。過去の話はやめて、それより今から親としてやることはいっぱいありますよ、と。大変だけれど、いっぱいやらなければならない。それをやれますかと。「やります」となりますよね。だから最初の面接というのは大事に、あくまでも前向きになるようにって考えているんですよ。学問的に正しいかどうかじゃない。プラスになるかっていうことを考えていきたいのです。

牟田： 先生の前向きのエネルギーがお母さんに伝わって、お母さんのエネルギーが子どもに伝わる。

　　　　ひきこもりの子どもというのは、声の明るさから本当のところを見抜くし、それから廊下を歩く足取りが近いかどうか分かるし。本当にすごい敏感ですよね。

花輪： だから言葉で良いことを言ってたって、本音なのかどうかもわかるんですよ。私は皆に「とにかく本音しか通じないんだから、隠すのはやめよう」と言っています。

　　　　親にも、「学校に行ってほしい」と思っているんだから、「学校なんか行かなくていい」なんて嘘ついちゃいけないと言います。「学校に行った方がいいわよ」って言いなさいと言いますよ。

　　　　でないと、先程のように、子どもが予想するんですよ。親が学校のことにふれないというのは心配しているはずなのに不自然なんですよね。だから、「親は何も言わないけれ

ども、学校のことですごく心配しているはずだ。どんなに心配しているのか、もう夜も眠れないほどなのかもしれない」と、そのことが子どもにとって二重の負担になっているのです。自分のことだけじゃなくて、自分のせいで親を苦しめているってことにも苦しむ。それだったら親は子どもに、「これぐらい心配していますよ」っていう小さい量を見せた方がいいと思います。親御さんが学校のことにふれないっていうのも不自然ですから、なるべく明るく、軽く、「あたりまえじゃん。学校に行ってほしいわよ」「ただ、だからといって無理なことはしないんだよ」と宣言してくれればいいんです。そう言うと、子どもとしても安心するわけですよ。心配はしているけれども、そんなにつぶれそうな心配ではないなって。そうすると安定してくるわけですよ。その時にあまりに重々しく「やっぱり学校に行ってくれ」とやっちゃうと負担になるから、なるべく軽く、冗談っぽく言ってもらって、「でも無理に学校に連れて行こうとか考えていないよ」、と言ってもらえば非常に安定すると思うのです。

　自分の本音が何であるかは、絶えず振り返る必要があると思います。親としても、先生としても、周りの人たちが本当に自分は本音でどう思っているんだろうって常に振り返って、それで接するべきだと思いますね。

4．解決に向けて

●花輪先生は「最終的には学校」というように前から仰っていますが、例えば学校の先生の立場で言うのならば、親とはどのように関わっていけば良いかとか、そのあたりをお話しいただけますか。

花　輪：　この問題を解決するのは子どもの生活の中核である家庭と、それから学校です。過去に何があってもなくても、これから彼らはそこでエネルギーを得ていくと考えるわけです。

　ひきこもりというのは接触する人がいないわけですよね。家族としか会わない。あるいは会わなくても、一番近くにいるのは家族です。そうすると、家族が彼らに対してどう具体的に対応するかというのが非常に問題となってくるわけです。

　ひきこもる子どもに適切に対応しなきゃならない。しかしその時に親としてもよく分からないわけです。親は良かれと思ってやるのだけれど、それが必ずしもプラスにならない、かえって本人の負担になるということがいっぱいある。これは親に限らず周りのすべてですが、やはり一番近くにいる家族がうまく対応しなきゃならない。しかし親にはその対応がよく分からないということが、一つの問題としてあります。

　それから、学校に戻るには学校とつながっていなきゃならないと思うのです。そうでなければ戻りにくい。

　例えば病弱の養護学校に不登校の子が行って、そこで精神科の先生も心理士も、もう準備ができたし大丈夫だろうと言うのだけれども学校に行けないということがある。それは私から見れば学校と切れてるからだと思うのです。本人の準備ができたかの問題ではない。大人でも職場を何日

間か空けた時に行きにくくなるものですよ。どうも遅れたような、自分が取り残されたような感じがしますね。彼らのように長く休んでいる場合はさらに戻りにくいのです。いくら準備ができたといってもね。学校とつながっていない、切れちゃっているから戻りにくいのだと思いますね。そういう意味で、ちゃんと学校とつながっているべきだと思うのです。

　あと、私たちの立場から言えば、問題がこじれる前に、なるべく早期に専門家に相談してほしい。でも家庭から、学校を抜かして直接専門家になると少し問題があるんです。

牟田：　専門家にいきなり行けっていうと、なんかうちの子はだめなのかとなってしまうから、学校の先生がある程度の知識を持っていて、担任の先生が刺激をしないで親へのフォローという形でアドバイスができればスムーズなんですよね。

花輪：　そのことです。私は不登校についても診断起因説というのがあると思います。これはもともとは吃音の、どもりのことについて、要するに診断をすることでそれが原因になるという考え方なんですね。例えば子どもが「あああの、ぼぼぼぼく」とやるとき、それは発達段階において、語彙数が少ないときに、話したいという気持ちが多い時にひっかかるわけです。非流暢性というんですけれど、それを身近な人たちが「どもりじゃないか」と診断しちゃうわけですよ。それで注意するわけです。「もっと落ち着いて話しなさい」とか「ゆっくり話してごらん」とか「息を吸って話してごらん」とかですね。というふうに内容じゃなくて話し方に注意がいくわけでしょう。そうすることによって、

そうではない子が本当にどもりになっていくという説があるんです。それは不登校だってあり得ると思うんですよ。

　ちょっと休んだだけなのに、「うちの子は不登校じゃないかしら」と騒ぎ立てると、その不安が伝わっていくということになりますよね。そういうことがあってはならないと思うんです。だから初期の段階では非常に慎重であるべきなんですね。早期発見・早期対応が必要だって言って失敗しているところはたくさんあるんですよ。例えば学校側でちょっと心配になっている子がいますよね。不登校かもしれないとか、月曜日にちょっと休んだりとかするとかね。頭が痛いとか言いながら他が元気だとか、それをチェックして、親を集めて不登校の研修会をって開いたりすると、「うちの子、不登校なんですって」と次から次へとバタバタと不登校になったという例もある。まさに診断起因説を地でいっています。だからいきなり、ちょっと休みはじめた時に、精神科にとか相談所にとかいうと、かえって親の不安を高めますから、そういう意味で学校というのはちゃんとクッション役になるべきなんですよね。

　私どもが専門的な立場で、親に対して、具体的に話かけやトラブルへの解決方法といったことをアドバイスすると、親はこちらを信用して来てくれます。そうするとここを非常に信頼して本人も来たりするんです。でもそうなってから今度は学校に行くというのは、子どもにとってまた一つの大きな壁なわけですよ。

　だから牟田先生もおっしゃるように、学校側で家庭に対するそういう具体的なアドバイスができればいいのですよ

ね。そうすると学校とパイプがつながって、まず親が、そして子どもも、学校を信頼して行くということになると思うのです。ところが現実には学校はそういう具体例を知らない。ひきこもりの家庭とどういうふうに関われば良いかという知識を持ち合わせていないのです。ですから学校と私どもがつながって、こちらにたくさんある材料は提供しますので、それによって学校が家庭とつながっていけばうまくいくと思います。

　今ひきこもってる子が生活しているのは家庭です。そこでの対応を学校が適切にアドバイスする。そうすると家庭と学校とのパイプができて、信頼関係ができて、非常に行きやすくなる。そのアドバイスの内容について間違わないように、学校と専門家がつながる、というのがいちばんうまくいくような気がします。

　私が若い時は、家庭とか子どもとかと直接つながっていましたので、非常に信頼してもらえて、私の所には来てくれるようにはなりました。でもそこから学校というのがやはり難しいかった。ある時から黒子になるというか、学校の先生に提供して、橋渡しをする。具体的な場合に「先生に相談してみなさい」とふって、「きっとあの先生、相談にのってくれるよ」とふってやる。後でこっちで先生に連絡をとっていろいろ具体例は提供する。そうすると親の方も信用してうまくいきます。そういうのも一つの方法としてありました。

　しかし、自分の立場としては、やはりやるのは家庭であり、学校だと。それにこちらがうまくアドバイスできれば

いいと。そういう三者の、家庭と学校と専門家の関係がいちばんいいだろうなと思っています。

牟田： それはそうだと思いますね。ですから学校の先生全員が相談指導をできる力を持つというのが理想です。教科指導とともにいわゆる相談指導が出来るのが良い。

　学校は、スーパーバイズする専門機関とつながり、専門機関からアドバイスを受ける。専門機関は、病院や他の機関ともつながりがある。専門機関が黒子として、学校にコンサルテーションしていくというのが一番学校には復帰をしやすい方法論だと思います。

花輪： 結局、学校を舞台としていますので学校が頑張らなきゃだめだと思うのです。学校が主体的にいくべきだと思うのです。これは不登校に限らず、例えばいじめの問題にしても同じです。

花輪： その学校ですが、先生は励ますとか、叱咤激励とかいろいろやって、マイナスに作用することが多い。どういうふうに対応するのがいいか、知識をもっていない。これが現在一つの問題となるところ。やはり学校側がそういうことをしっかりと知っていて、対応しなくては。

　もう一つはそういう専門機関とのパイプをきちんと持っていないということ。パイプを持つというのはとても大事なことだと思うのですよ。実際に医療の必要な時もあるし、そうではなくて心理的なものだという時もあるし、どこでもいいというわけではないのですよ。例えば病院の中でだって先生によって違いますよね。ですから学校としては具体的に何々病院の何々先生とか、そういう方がどういう考

え方でやっているのかということを情報としてしっかりとつかんでおくべきだと思います。そうしないと相談して困ったという例はいろいろありますよ。例えば「学校なんかに行かなくていい」「いっさい関わるな」と指導しているところだってあるんですよ。学校はそこを紹介したために、電話もしちゃだめ、きちゃだめ、ただ放っておきなさいとなって困ったという事例はたくさんあるのですよ。でもそれは、学校の責任だと私は思います。どこが、どういう考えで、何をやっているのかということをちゃんとつかんだ上で、ちゃんと紹介するとか、あるいは紹介するまでにどういうプロセスが必要かをそういう知識のある方からアドバイスを受けて、対応していく。で、直接つながるようにお膳立てをしていくというように。

　現状では、相談所とかカウンセリングというものが、いじめられた子のフォローをしています。でも本当は、いじめの解決にはいじめた子にも関わらないといけないですし、それをとりまく集団を高めていく必要もあるんです。そしてそれは、学校でしかできないことで、相談所ではできないことなんです。そういう意味でも、学校側が主体的に取り組むべきだと私は思っています。その時に適切に対応するために、何かあったら専門機関にまかせちゃうのではなく、自分たちが何をするのかどうすればいいのかということで専門家とつながっていくべきなのです。

　特に不登校の問題はすごく多いわけです。いま13万人を超えている。そうするとカウンセラーが見る数、病院が見る数なんてたかがしれています。我々だって、毎日子ども

達と会っているといっても、年間どれくらいの子どもに会えるかといったらたかがしれている。専門機関に任せるのではなく、それぞれの担任とか学校とかが、ちゃんとやれるということにならないと、このことは増え続けると思います。

牟田： 今まで専門機関と学校がつながっていないというのがまず一つ、それから専門機関そのものの数も少ないというのも一つ。それからスーパーバイズがやりにくいということ。例えば教育畑は細かい縦割り行政で、学校と教育委員会とはつながりやすいけれども児童相談所とはつながりにくいといった、そういう流れの問題ですね。これだけ不登校の数が増えてきたら、専門機関がより充実していく、そのより充実したのを学校にお返ししていく、それが大切ですね。そうでないと、これだけ数が増えて、専門機関だけでは対応できない。

　それから専門機関が黒子になっていくのは大切なんだけれども、問題は家庭で、子どものフォローは学校がしなきゃならないけれど、お母さんたちのフォローね。お父さんたちのフォローもむしろ、専門機関はやりながら、という形も必要ですよね。

花輪： そういう本当の意味で三者の連繋にならないと難しいと思うのですよね。

●三者の連携が大事だというお話に関連して、先生がまず家庭と関わるために家庭訪問をすることについて、どうお考えですか。具体的な手法などがあればそういうものもお聞かせ下さい。

花　輪：　いろんな考え方があるでしょうが、私は訪問すべきだと思います。ただそれは、誘いに行くとか激励に行くということではなくて、あくまでもクラスの一員として、あなたのことを大事にしていますというメッセージを伝えるために訪問してほしいと思っているのです。ですから、形式的に何曜日の何時間目が空いているから行くということではなくて、時間を見付けてちょっと行くと。

　ただそのときに、相手としたら、先生が来たというだけで「誘っているんじゃないか」と思いますから、上手にやらなければだめだと思います。「先生はうちに来るけれどもどうも、学校に来いってことではないらしい」と子どもに伝わるような訪問をしないとだめだっていうことですね。例えば玄関口で大声で「最近、学校で風邪はやってるんだけど大丈夫かなって思って。お婆ちゃん大丈夫か？」とか言って、「大丈夫」となったら「そうかぁ、じゃあ帰るよ」というようにね。先生が「学校に来なさい」とか、「何してるんだ」とか、そういうことを言う人じゃないんだと思うようになると、子どもは安心できるんです。

　だとすると、例えば何回ぐらい行くかっていうのは意味がなくて、本当にその先生がその子を大事にしてるかどうかにかかってくると思うのです。形式的に訪問するかしないかじゃなくて、本当にその子をクラスの一員として大事にしているのなら伝わっていくと私は思っているんです。だから、そうでない人が、「訪問しなくちゃならないんだ」と思って訪問したってうまくいかないですよね。

牟　田：　僕も家庭訪問というものに対しては、「先生が先生とし

て」行く場合は良くないと考えるんですね。先生がその人なりの人柄でもって行って、大原則として学校のことは言わない。家でチューリップ育てようと思ったけど育てられないから育ててとか、さっきのお婆ちゃんの風邪とか、いわゆる先生の人柄が伝わるようなものでないといけないと思います。そして子どもと会えなくても、お母さんやおばあちゃんと話をしてすっと帰る。会えるか会えないかはそんなのはいい。

花輪： そうですね。目的として何とかひっぱりだそうということじゃなくって、十分に愛しているということを伝えることだと思うんです。会おうとしたことだけでも、お茶だけ飲んで帰ったでもいいと思っているんです。例えば会えたら学校のことじゃなくて自然な会話をするだけでいいと思うんですね。

牟田： はい。本人が聞いてきたら別ですけどね。修学旅行はどうとか。いま皆どう準備していますかとかね。

花輪： 全くその通りですね。ところが、「自然な会話」というのが難しくて、先生方は「用事があるとやりやすい」と言うのですね。何もないと世間話やお茶飲み話ができない。行ったけどもなんかこうシラーッとした空気が流れてとても耐えられないという人がいるんですね。たいへん問題だと思いますよ。

牟田： 今と昔は変わってきましたからね。昔は学校が終わって事務仕事も終わると、先生たちがストーブを囲んで、それでお茶やお酒でも飲みながら「なんとかのクラスのなんとかはね」とか、何時まででも話したなんていうことがあっ

たんですけど、今は全くないって言いますよね。先生たち同士でも、ですね。

花輪： 今はないですね。忘年会とか学期の打ち上げとか行事では話はしますけどね。車社会というのもありますけど、割り切っていますよね。仕事は仕事、それと自分の世界は別みたいに。そこの家に行って、じいちゃん、ばあちゃんと話してこれないというのは教師としてよりも人間としての問題ですよね。用事があるとちゃんと行ける。なのに世間話ができない。ぎこちなくなっちゃう。だから「自然な会話」って強調しなくちゃならない。先生に「学校の話題にふれないで、趣味の話でも興味のある話でも何でもいいから」というと、皆「趣味は？」となってしまう。見合いじゃないのに、まったくワンパターンなんです。自然な会話というのは、天候でもプロ野球でも事件でもテレビでも何でもいいんですよ。それが紋切り型になるからぎこちないんです。だから現実的には難しいんですけれども、私は誠意があればそれをうまく伝えるべきだと思うのですよね。

牟田： 子どもが学校とつながっているよっていうのをとっても大切にしたいんですよね。

花輪： こういうことなんです。「きみの心の中に土足で入りこむようなことはしないよ」「でもあなたのことをとっても大事にしてるんだよ」ってことだと思うんですよ。言葉じゃなくて行動で伝えたいっていうのがいちばんですね。踏み込まず、だけど十分に気持ちを向けているっていうことを感じさせることが大切です。それを行動で伝えるべきなんですね。

牟田： あとは、お母さんと子どもの信頼関係があれば、お母さんを先生がうまく支えていくべきなんですね。お母さんとも気楽に話すことで。そうするとお母さんから子どもに伝わって、子どもの先生に対するイメージというものが変わってくるんですね。「あの先生かたい人間だと思っていたけど、やわらかくて面白い話をするのよ」といえば「あっそう」と。「勉強の事も学校の事も言わないよ」と言えば安心できるのですね。そういう力がとても大切ですね。

花輪： 本人は「学校に来なさい」って言うもんだと思っていますから、そうでないっていうのを分からせるんですね。そういう意味で本当に大事に思っているかどうかの問題ですから、形の上でとか何回家庭訪問とかいうのは違うと思うのですね。「何回ぐらい行けばいいんですか」という質問をしてきた先生がいますが、回数の問題じゃないですよ。高校なんかだと、学校と家の地域が違うでしょう。先生の家とも距離がある。そういう場合、一回行ったって、「あんな離れた距離で来てくれた」と喜んでくれたケースもありますし、小・中学校は学区内に学校がありますから、行けるはずなんですよ。ちょっと学校の帰りにとかね。だから表面上の問題だけじゃないというのが一つです。

　この前、久しぶりに後輩に会って、彼のクラスの生徒のことで相談にのったんです。終わったあと、「しばらくぶりだからちょっと飲みに行こう」と誘ったんですが、その後輩は、「いや、今からその子の家に行ってみる」「あの子の顔が見たい」と言って、私と会った後に子どもに会いに行ったんですね。先輩とはまた飲めるけれど、話を聞いてとに

かくあの子に会いたくなった、と。それはやっぱりうまくいきますよ。そういう想いがあるんですから。非常に温かい想いがあるんですね。そういう想いが何にもなくって、形式的に訪問したり人から聞いたテクニックをやっても、それは通じないと思うのですね。

牟田：　最悪だったのは、家庭内暴力のひどい子に対する、ある先生の対応です。子どもが時々噴火するわけです。ひどい暴れ方をするので、心配になってお母さんは先生に相談に行くのですよ。そうすると先生が「僕が行きましょう」と、翌日必ず家庭訪問をする。家庭内暴力を起こした次の日、必ず家庭訪問なんですよ。子どもにしては懲罰されるんじゃないかと思うから、最初は会っていたんだけれどだんだん会わなくなってきた。

●そういうタイミングというのはどうなんですか。

牟田：　それはやばいなぁって思ってるところに先生が来るっていうのは、やだなと思うわけですから。

花輪：　明らかに何かがあったときに来るわけですから、本当に大事にしていますよってことでないことは明らかなわけですよ。

牟田：　はい。その先生はいい先生でその先生の中では善意だったんだけれど、子どもにとっては最悪だったということです。やっぱり先生が温かい気持ちで見守ってくれてるんだなと思ったら、中学校は行けなくても高校は行けますよね。

花輪：　ひきこもってる子でドアごしでしか話せなかった子でも、大人になってから「あの時すごく嬉しかった」という子はいっぱいいますからね。その時は動けなかったけど、支え

　　　　られたというね。
牟　田：　ですから踏み込まないけれど、大切に思っているというのがとても大事ですよね。
花　輪：　踏み込まないけど大切。それは再登校の時にも言えますね。例えば再登校した子を迎えて、よかったねとおおげさにすると二重のメッセージになって負担になるわけですよ。よかったねということは休んでるのは罰ということですから。私が見てた子でこういう子がいたんです。中学生でしばらくぶりに学校に行ったら皆ワーワーと声をかけてくる。疲れないかい、頑張れよと、校長先生もわざわざ来て声をかけてきたりして、すごく嫌だったというのです。でも、いちばん信頼していた先生が「にこーっ」と笑ってＯＫサインを出してくれた、それは嬉しかったというんですね。だからそういうことだと思うのです。ベタベタはかえって負担になる。ちゃんとやってればいいんです。かといって全く普通もおかしいのですが、ですからさりげなくですね。それが難しい。
牟　田：　根掘り葉掘りきかない。さりげなく見守っていく。その先生はそういう素養があった。いわゆる筆記試験とは関係ない素養ですね。相談教師をどう育てていくかということにもつながる、難しい問題がそのあたりですね。

●さっきの「自然な会話」ができない先生には難しそうですね。というのは学校という狭い社会の中で、人と話さなくても教室で授業をやってればいいなんていう先生には、同情するわけじゃないですけど、それは難しいことでしょうね。

花　輪：　学校というところは知識の伝達だけではないんですから、そういうことがとても大事だと思います。教師の前に、社会人であり人間である、という部分がすごく大事だと思うのです。

牟　田：　人との関わりができない人間がやっぱり教師になっちゃいけないと思いますよ。

花　輪：　そういう意味ではですね。具体的なテクニックとかは結局は3番目、4番目の話なんですよ。本当はそういう誠意とか情熱とか、そういうとこだと思うんですね。本気でその子を認めている、大事にしてるとかいう。そういう部分がいちばん大きいのだと思います。ただそれだけだと間違った対応も出てくるから、技術的なものとミックスしてやっていこうということですね。

●学校の先生は、人間としての部分が求められていて、それが家庭訪問を含めて様々な対応をする時の根底に流れているべきなのですね。では、実際に子どもが引きこもったりした時の家庭内での対応についてはいかがでしょう。

牟　田：　まず、ひきこもり始めのことから話していきますね。学校に何となく行きづらくなる時期があるものなんです。何となくぼんやりしていたり、落ち込んでいたり、気分が集中できなかったり、いらいらしたり、それから宿題をうっかりして忘れてきちゃったり、というような、なにか自分の中から魂が抜けてるような状況、そんな時があるんです。その時に親や先生が、気持ちが楽になるように聞いてあげることができると、子どもはすごく楽になるんだけれども、親も先生もそれがなかなかできないでいるうちにストーン

と落っこちるわけです。落っこちた時に、気持ちを分かってくれる人が誰もいなくて、「とにかく学校に行け」「こんなことじゃ勉強遅れるぞ」「怠けてるのか」「自分の人生はどうなるんだ」とか、そういう刺激を受けていくうちに、子ども自身が親といっしょにやっていけないと思って、そこでひきこもっていくわけですよね。

　ですから、ある日突然ひきこもりに入って学校に行かなくなって、1ヶ月、2ヶ月にもなるっていうのはないですね。2〜3日というのはあるかもしれないけれど。だからやはり親との過去のやりとりがあるわけですね。

　ひきこもってしまった場合には、まず親は、何かパイプがあるはずだと考えて、どんな形で残っているのかをつかまえてほしいのですね。パイプはつながりですからね。

　具体的には、お母さんは、自分の方から判断を下したり結論を出さない中継地点であることが望ましいです。例えば友だちが心配して電話をかけてくる。「何々ちゃんから電話よ」といきなり取り次がない。「ちょっと待っててね」と言って、「何々ちゃんから電話だけどどうする？」と子どもに聞いてあげる。黙っていたら「寝てるのね」とリアクションをして、それで「いま、寝てますのでまた電話して下さいね」という形で切る。親が勝手に判断したり決断を下したりしない。あくまでも子どもとの中で、子どもの気持ちを優先して考える。先生が来ても、「先生が来ちゃったから玄関ででも会いなさいよ」っていうのはだめです。「先生、見えたんだけどどうしようか？」「会いたくなければお母さんちゃんと対応しとくから言いなさいよね」とやれば楽に

なりますよね。「ああ、おふくろは、自分の味方になってちゃんと中継基地をやってくれてる」っていう信頼感、パイプが回復してきますよね。そしてその信頼感のパイプをどんどん増やしていってほしいんですよね。

花輪： そういうことを分からない親が多いですね。だから最初責めてしまう。「何でだ」と原因を追求する。そのうちそれはだめだと気がついて、今度は何も言わなくなる。しかし、言いたくてむずむずしているけれど言わない状況だから、あまり変わっていないわけですよ。そういう意味では牟田先生が仰ったようなことをちゃんと専門家がアドバイスしなくちゃなんないですよね。

　例えば先程の電話なんかでも「寝てます」って勝手に言うのではなく、「寝てますって言っておくよ」と子どもに言うべきなんですね。そうすると子どもはとても喜びます。親がそうやってくれることを、ただ黙って断ってくれるんじゃなくって、こういうふうに返事しておくよと言ってくれることに安心できるんですね。たぶん本人に聞いても答えにくいことというのはたくさんあるはずなんですよ。例えば進路の希望調査とか、どう書いていいか分からない時に、「こういうの出すんだけれどどうする」と聞いても本人困るわけですよ。答えようがない。本当は高校へ行きたいんだけれど、行きたいといえば学校へ行かされそうだし、今さら無理だとなるからいい、と。その時「どうする」と聞きながら、「いちおう進学希望って出しておくからね」というのがこういうことだと思うのですよ。ですから電話が来た時、「どうする？」って聞いて、答えがあればいいんだけ

れど、会いたくないとか、「じゃあ、いま寝てるからって言うからね」とそういうふうに助け船を出してやると本人すごく安心できると思うんですよ。

　安心できないと、子どもはそういう場から逃げちゃう。安心することによって親と話すようになると思うんですよ。自分のことを分かってくれる、しかもガードしてくれる。そういうふうになってくるとひきこもっていても、家族の中では可能になっていくと。こういうことは、アドバイスとかがないと難しいことですから、やはり「家庭」「学校」「専門家」の連携の中で伝えるべきことですね。

● では、三者の一つである、専門機関についてカウンセリングのことも絡めてお聞かせ下さい。

牟　田：　まず、カウンセリングとおっしゃいましたがそれについてお話しします。僕は、本当にカウンセリングだけで子どもを救えるのか、疑問に思います。カウンセリングでは「傾聴」だけが問題となっているけれども、それは違うと思うのですね。カウンセリングだけじゃなくて、実際はコンサルテーションとかケースワークを含めてやっていかなくては解決しないのだということです。

花　輪：　そのとおりですね。傾聴とか受容とかは必要条件であって、必要十分条件ではないのです。その上で何かをやらないとだめなんです。

牟　田：　だから、直接家庭と関わるのが学校であると考えた時に、学校の先生はケースワーカーであることを求められるんです。ですから先生たちの意識レベルをあげるため、私たち

はコンサルテーションなり、専門機関との連繋に協力は惜しまないつもりです。
　あと、カウンセリングというと、「精神科医」だと思う人もいるかと思うんですが、それは違うんです。学校の先生が指導ばかりでカウンセリングができないのと同じように、精神科医もカウンセリングができませんね。
　そもそも医者そのものは「健康をまもる」とか「健康管理をする」「維持する」と考えれば分かりやすいのですが、「健康的でない」「病的」な部分を排除していくというのが治療であるという捉え方をするのですね。「治療する」ということは「まもる」ということで、精神科医が「カウンセリング」をやりだすと、いわゆる「まもること」「防御すること」「かためること」「整理すること」ばっかりなんですよ。
　本来カウンセリングというのは、最初のうちは、その人のことをいっしょになって解体して分解していくものなんです。理屈でつながらなくてなんでもいいから、いろんな想いや感情や気持ちがあって、それがその人総体であるというように捉えてですね、その中で統合できない部分を出しながら、もう一度まとめていくという作業をしていくべきものなのです。ところが（精神科医は）最初からまとめる作業をしちゃうんです。

花輪：　ようするに精神科医というのは時間をかけないでしょう。じっくりと時間をかけて、何時間でも聞いてくれたということには、まずならないと思います。10分、15分会って診断して、それでお薬を出すとかだけです。1時間、2時間と付き合わないです。

牟　田：　その通りです。僕らも紹介して病院に行かせることがあります。それで子どもが精神科医のもとに、2・3ヶ月間、定期的に、一週間にいっぺんとか行きますよね。そういう子の中に、夜中にメールが届くと同時に、電話をかけてきて、「いまから死ぬ」と言う子や、調合されたハルシオンとかの薬を二週間分全部飲んじゃって「ボーッとしてきて不安になってきた」と電話して来る子がいるんです。彼らの話をよくよく聞いてみると、精神科の先生は、ポンポンとものを言うだけ言うんだけれど、自分の方がそれを捉えきれなくなって不安になってしまうみたいなんですね。

花　輪：　「診断」をしようと思うから、そうなるですよね。「診断をして」、だから「こういう処方をする」、というパターンだと思うんです。

　似た話なんですがあるダウン症の子の親が私の所に相談に来たんですが、相談中に廊下に聞こえるぐらいの声をあげて泣き出したんです。その理由というのが、いろんなところをまわって、こういう子にどういうことが必要かとか、家庭でやるべきこととかはいろいろ教えてもらってある程度は分かった。しかし親として気持ちを聞いてもらったことは初めてで、それがとても嬉しいというのです。

　結局、みんな、障害の方だけ見ているわけでしょう。こういう子だから、お家ではこういうところに注意して育てましょうとか、この障害の特徴はこうであるとか、そういうことばっかりなわけです。ところがそういう親としての心情みたいなところは理解がなかったわけですね。それで、初めて自分の気持ちを聞いてもらって安心できたと、そう

いうエピソードがあるんですよ。そこが我々の仕事としてもすごく大事なところで、障害の方だけを見ちゃうとかね、症状というか問題行動だけを見ていくという、そういうもっともなところがあるんですよ。それは、やっぱり、我々は、すごい時間をかけるじゃないですか。

牟田： 丁寧に、そして先入観を持たずにやっていきますね。

花輪： そのへんに病院あたりとの違いがあるでしょうね。

●それでは最後に、お二人が実際に行っているカウンセリングについて」、具体的なことも含めてお話下さい。

花輪： カウンセリングのやり方については、一つの流れとしては捉えていますが、その問題をどうとらえるかによってだいぶ違ってくるものです。例えば、病気だと考えれば、再発率だとか入院だとかいうことになりますし、怠けていると考えれば、もっと厳しくとなってくる。そういう意味では「不登校」というのをどう捉えるかというのが非常に大事になってきます。それによって後の行動が決まってくる。そういう意味で、まず最初はこの問題をどういうふうにとらえればいいかという部分がスタートだろうと思っているのです。

　私の捉え方というのは、簡単に言えば、学校を休んでいるということを、ネガティブなものではなくて、もっと積極的に捉えていくということです。抽象的になるけれども、大人になるための心理的な脱皮をしている時期だと捉えたいですね。こう捉えた根拠はこれまでの私の経験なのですが、いま大人になった子たちも自らの過去をそういうふう

に言っているし、他にも資料はあります。だから、決して怠けとは考えず、むしろ内面的にはそういうものを探しているというかな、そういう時期だろうと考える。不登校は、困ったとかとんでもないという見方ではなくて、この子にとっては大人になるための大事なものをやっている時期だと見てあげるべきなのです。

　最初はこのように、周囲の大人たちがどういう認識を持つのかということが大事なのですね。そこにまず力を入れる。

　だから、カウンセリングの最初はまず、本人ではなくご両親に会って怠けではないということを伝えることから始まります。病気じゃないんだと。もっと、いいように、むしろ必要な時期かもしれないと捉えようと。こう言うと先程言ったように、親も前向きになれると思うのですね。もちろん親が話を聞いたからといってすぐに「そういうものか」とは納得できないだろうけれど、時間をかけながらそういう認識に至るというのが第一段階です。

　その時に親は、本人にそういうことを伝えるべきだと思う。不登校とかひきこもりは悪いことだとは思っていない、大切な時期だと思っていると。そうすることによって子ども自身も自分のことがよく分かっていないものですから、なんていうか「光」が見えてくるわけです。それで、こちらに目が向いてくると思うのです。

　よく例えに使うのですが、親とか学校とかは不登校の子どもを「ガソリンが少ない自動車」だと思っていて、それをただ動かすということだけを考えていると思うのです。心理学者とかなんかはガソリンを入れることばかり考えて

いる。でも満タンになるまで待っていたら、2年3年かかってしまって、もう心理的に大丈夫ですよとなっても、もうバッテリーがあがって動かない状態になっている。あるいは義務教育の年限が終わってしまったというふうになっている。だから私はガソリンを入れるということと、それから負担のないように上手に動かすということと両方必要だと思っています。

　第一段階としては、「不登校」に対する認識を改めて、ネガティブじゃなくてポジティブにものを見ていけるようにする。そして次の段階ではガソリンを入れるという作業をしていく。子どもにとって「ガソリン」なるものは一人一人違うものです。「これ」と決まったものではなく、自分で日常生活の中で探していくものです。例えばある子どもにとっては「ガソリン」は家庭の中であり、別の子にとっては人との関わりの中にある。その中でガソリンになるものを積み上げていく。そういう日常で起こる具体的な小さなものを積み上げていってガソリンを入れるという作業をしていくということが必要なのです。ある程度ガソリンが入ってくると、子どもの状態が変わってくる。その時に様子を見て、ガソリンが入ってきたなと判断・チェックをします。エネルギーがたまってきたのか、気持ちが学校に向いてきたのか、行動の中で見ます。そういうふうに判断できたら、今度は登校のために直接的に関わっていくと。準備、練習をしたり、受け入れ体制を整えたり、遅れている学力を補充したりとかね。育ちざかりなのに動いていないから体力が落ちているので、そういうところをカバーしていく。

こういう流れです。

　それを、準備ができていないのに、その後の段階でやるべき登校訓練なんかやると失敗しちゃうのです。逆に十分条件が整っているのに刺激しちゃいけないと黙っていると、そのままズルズルいっちゃう。いままでそういうかたちでいたんじゃないかと思いますね。

　おおざっぱに言って、そういうようなかたちで、ソフトに入ってハードにいくというピラミッドのような形を考えているんですけどね。基本的に受容的なものからだんだんとトレーニング的なものが入ってくるような、そういう構造を考えています。

牟田：　私のやり方も基本的には似ています。私のところに来る子どもというのはひきこもったケースが多いのですね。それももう1年も2年も経過しているケースです。

　私の場合も、もし来られるといっても子どもがすぐに最初に来ると困るという部分がある。むしろお母さんに来てもらう。お父さんが来ても細かく聞いていくと分からないので、だいたいお母さんかご夫婦そろって来てもらう。まずお母さんに状態とか状況を──きっかけはどうでもいいと私は思っていますので──今の状況・状態を聞く。その状況・状態を聞いて、病気なのか、神経症的領域の神経症なのか、あるいは神経症的なのか。あるいはいわゆる情緒混乱型みたいな不定愁訴の不安のために行けないのか。それとも外には出ていくのだけれど、勉強するとかアルバイトするとか以外のことなら自由にできているのか、というようなことぐらいは聞くのですね。

それらを聞いて、お母さんに安心してもらうためには、その状態像を「いま、こういう状態なのですね」「ある程度の見通しはたてましょうよ」ということは言います。「今後、このような展開があらかじめ考えられますよ」「どのくらいたてば、本人は動けるようになるかもしれないですね」と一応安心してもらう。それからお母さんが今までいろんなかたちで苦労してきたことを聞いてあげて、その関係の中でまず信頼関係づくりができます。さきほど花輪先生が言っていたように、お母さんに肩の荷を下ろしてもらう。リラックスしてもらう。お母さんに少し元気出してもらうというのが、いちばん最初の目的です。

　二回目以降について、私はカウンセリングには毎週来なさいとか、隔週で来なさいとは言いません。予約をする場合にも、必ず電話をして来て下さいと言う。私の都合で決めることはないし、お母さんが必要だというのなら明後日でもいいし、必要がなければ一ヶ月でもなんでもいい。自分が子どもと対応していて、子どもだって動こうとする時期もあればまったく動かない時期もありますから、「自分の都合でいいから合わせて来て下さい」という方が回復が早いのですね。「毎週、毎週来る」という形式はカウンセラーの都合だと私は思っているのです。

　お母さんが自分から来ると、必ず自分で問題を抱えてきます。先生にこういうふうに言われてとか、どうしても子どもが動けない状態にありますとか、少し会話ができるようになったんだけれどとか。時には、筆談だけだったのが台所に出てきてご飯を食べただとか、大きい成果を持って

きてくれることもあります。でもお父さんたちというのは、学校に出れたかどうかとか、職探しとか、そういういわゆるダイナミックな変化だけを成果だと言うのですね。実際にはこの小さな変化のしかたを大切にしていくというカウンセリングをしていきます。

　それから子どもに対する対応のしかたですね。そういう問題についてどうしたらいいか具体的に教えます。例えば神経症の人たちがとっても気になることというのがあります。ホコリはそんなに気にならないのだけれど、テーブルの指紋だとか、例えばお父さんの指紋が気になるとか。お父さんのことをすごく気にしているのならば、お父さんの洗濯物をたたんで、今度は別に自分のものをたたむというようにしなさいとか。お父さんのたたんで手を洗ってから今度はたたむとか。雨が降っても子どものを取り入れてから、お父さんのを取り入れるとか。お父さんのは後でいいよ、というような具体的な取り組みを教えていくのですね。でも、子どもが実際に見ていないところなら大丈夫ですよ。ただ、バレた時に子どものこだわりが一つ増えますよと。だからなるべくバレないように、うまくやっていくことが必要ですよ、とこんなことをアドバイスします。そうしながら、基本的には子どもの自主性・自発性を尊重しながら見守る姿勢なんだけれど、ちゃんとアイコンタクトを含めた表情の交流をしていく。子どもが嫌なことはやめなさい、というようなかたちで関わり方を教えていくわけです。

　だいたいのケースで、子どもが親と接する時に、親が変わったと気付きます。「最近お母さん、様子が変わったんだ

けれど、どうしたの？」と。「本当はあなたには悪いと思ったんだけれど、こういうところにカウンセリング行ってるんだ」「いろいろ教えてもらってるの」と言う。「フーン」と興味を持つんですね。興味を持たせておいて、「本当はあなたどうしたいの」と聞いてみる。「学校行きたいんだけれど、勉強遅れちゃってるし、体力もないし自信がない」と答えるとする。「学校のことは分からないけれど、その先生に勉強のしかたとか聞きに行こうよ」「心の問題の話しはしなくたっていいよ」「体力の作り方だとか」「手リズムのとり方だとか」いわゆる具体的に悩みがあったらそれを聞きに行けばいいよ、と言う。「あなたが悩んでいることをいきなり話してもだめだと思うよ」ぐらい言ってもらうのですね。そうすると子ども自身、実は生活リズムを戻したいとか、何とかしたいとか思っていることがあるわけですよね。そうすると子どもが僕の所に来てみよう、ってなる。

　子どもが問題を抱えてきた時には、その問題について丁寧に教えてあげる。これはこういう問題から出てきて、それをクリアしていくためにはどういう生活をしていくべきなのか、ということを具体的に教えて、それ以外のことには一切ふれない。どうして不登校になったのかとか、そんなことは聞かない。余計なこともいっさい言わない。いわゆる、子どもがいま抱えている問題についてだけ、ちゃんと答える。

　「昼夜逆転が直らないんだけど、どうしたらいいんだろう」。「何時頃までどういう生活してるの」と聞くと「1時、2時までテレビゲームやってます」「寝れないからやって

る」と言う。「やってるのか。すぐ寝れる？」と聞くと、「眠れないんです」と答えた。例えばテレビゲームというのは交感神経が働いてしまいますから、「僕もゲームじゃないけど、何かやってて、すぐ寝れるかというと眠れないんだよね」と。「交感神経が働いているから、少し落ち着くまでは無理だよね。それなら、テレビゲームをやめろとは言わないけど、朝やってみたらどう？　他の兄弟もいるんだろ？」と話してみる。早朝、実際にやってみるわけですね。そしたら「先生、目がさえちゃって、すごくいいよ」と。「そうか。そうしたらゲームは９時とか10時までで終わらせて、２時間ぐらいしっとりとして、音楽でもきいて寝てごらん」って言ったら寝れるようになったんですね。

　あるいは深夜にラジオを聴いてるけれど、録音は150分ぐらいまでだからできなくて、生で聞いてないといけないというんですね。それには「ビデオの３倍で音声だけ録ればいいんだよ」と教えてあげる。「そういう手があるんだ」と具体的に教えてあげるんですね。子どもが困っていたことについて、丁寧に具体的に答えてあげるてそれがうまくいくと、信頼関係がすごくできてくるのですね。

　そうすると、「勉強したいけれど、英語のＡＢＣもわからない」と言ってきたりするようにもなって「いままで17歳のこういう子もいたけど、やれば３ヶ月ぐらいで中学１年生の分が終わって、だいたい１年間で中３まで終われるよ」と話してあげる。それなら僕にも何とかなるかなぁとなるんですね。あるいは「パソコンをやってて用語が分からないよ」となれば、「そのパソコン用の英語の勉強

してみようよ」と。
　それから「君、毎日来れないよな」と言えば「うん、来れない」と。「では不安な時はどうする」と言うと、「カウンセリングに来る」と言う。でも「時間かかるだろう？」って言って、時間がない時とか忙しい時とか、電話をかけられても困るから、「携帯とかピッチとか持ってる？」と聞くと持ってる子は多いんですよね、いま。それで、メールでやりとりするんですよ。やりとりすると、短期間に問題について答えてあげられる。そうすると回転が速くなる。そういうようなカタチで引っ張りだしにかかっていくという具体的な方法です。
　基本的には「相手の心に土足で踏み込まない」ということは花輪先生と同じです。向こうが疑問とか不安とか問題を抱えた時にそれに応えてあげるという関係作りさえやっておけば、そのうち、すごく傷ついた、例えば学校生活で長期間にいじめを受けて自分の人格にふれるような傷まで負わされたなんて話が本人から出てきます。いきなり突っ込んで引っ張りだすと、それで修復がつかないことなんてこともあります。それが信頼関係があれば、子どものつまずきが膿みたいに出てきますよね。そうなると修復が早いです。そういうカウンセリングをなるべくこころがけています。
　それから、親には「ひきこもりはこのままずっと続くのか」という不安があるので、ひきこもりの意味を教えてあげる。これ以上、自分の自我等が壊れてしまわないようにいったん閉じこもって、その閉じこもりの中で自分の心を

整理しているような状況がありますよ。そういう「守る」という意味もある、先生の言った言葉で言えば「必要な時間なのかもしれませんね」と。そういうことをちゃんと説明してあげることが必要だと思います。

花輪： 私も週一回とか決めないで、親自身が決めていくというのはとても大事なことなんだと思います。そうすると親も主体的に取り組みますね。自分の問題として。受け身じゃなくやっていくというのはすごい大きい意味をもつと思います。

　総論でなく具体的にやっていかないと、頭で理解して終わりとなります。「過去に戻るタイムマシーンはない」ことを理解した上で、「今何がプラスになるか」を根本においてやっていくことと併せて、とても大切なんだと思います。

終章

終　章

　今日ほど子育てが難しい時代は、かつてなかったのではないでしょうか？
　皆さんからの質問相談を読み込んでいけばいくほど、その思いは強くなりました。

　青少年による凶悪事件、学級崩壊、いじめ、不登校、学力低下、援助交際など、青少年の問題行動をあげるとキリがないくらいです。これらは単に、甘やかし、しつけがされてない、過干渉、過保護という従来の概念だけでは考えられません。他の何らかの問題があるのではないでしょうか？

　少子化社会は、同時に高年齢化社会でもあり、労働構造が大きく変わる時代でもあります。それに加えて世界経済の影響を受け、産業構造にも大きな変革の波が押し寄せてきています。企業での中高年のリストラが行われ、工場の海外移転と共に産業の空洞化が起き、年功序列・終身雇用制度が大きく揺らぎ、日本特有の家族主義的な経済社会における人間関係にも、変化が感じられます。

　不透明で先行きの見えない社会は、大人にとっても不安な社会であると同時に、子ども達にとっても不安な社会なのではないでしょうか。そのような不安の影が子ども達の心に映し出されているのかもしれません。

　このような経済的なシステムの変革時代に注目を浴びているのが情報化社会です。学校にも家庭にもどんどんＩＴが入って来ています。そのため、情報の取り入れ方や子ども達の遊び方にも大きな変

化が見られます。ビジュアルな情報化社会が拡大すると、従来の価値観だけでは充分に対応しきれずに、価値観の多様化も同時に進んでいます。そのため、子育ての基準になる、しつけや善悪の基準としての「ものさし」があてはまらなくなってきています。いずれは時代に合った新しい「ものさし」が作られるでしょうが。今は、世の中と同じように、混沌としているのではないでしょうか。

　そのような不確実な社会は大人にとっても、生きにくい時代ですが、大人にくらべて社会的弱者である子ども達にとっては、もっと生きにくい時代でもあるのです。

　これを簡単に言うことになります。お年よりはいつの時代でも「最近の若い者は…」と否定的発言を多くしますが、その一つに、「子どものしつけが出来ていない」というものがあります。しつけが出来てないから、高校生が人前で制服を着て化粧する、学校に行かなくなる、ブランド品など身分不相応なものを欲しがる、字が下手糞で漢字が書けない、昼夜の区別のつかない生活をするなどと言います。
　「しつけ」とは「ものさし」のことです。「しつけ」ができていないのは「ものさし」がないからです。そのような結果になったのは社会状況の大きな変化なのですから、「しつけが出来ていない」と言われて一番困るのは、子育て中の親ではないでしょうか。
　今の親は「ものさし」のない子育てをしなければなりません。今の時代は、子どもの問題で悩み、古い時代の価値観の祖父や祖母とぶつかり、孤立しながら「これで良いのかな！」と考え・悩みながら子育てをする難しい時代なのです。

経済的な過渡期は、社会も揺れ動く時でもあります。経済社会のしくみとして、合理性や効率化が究極まで求められるという大きな変化をとげ、それに伴い家庭も大きく揺すぶられる時代です。しかし、家族システムはどんな時代でも、それほど変化がありません。家族内部から崩壊しなければ、必ず時代の変化に対応できるはずです。親子関係の土台は愛情です。愛情の交流はいつの時代でも、本質的に人間が動物である以上、それほど大きな変化はあり得ません。子どもの心を理解する気持ちや努力が続く限り、双方向による会話は成立し、愛情は継続するはずです。大人は愛を受け止め、優しく、子ども達に愛を伝えましょう。

参考文献一覧
　森田洋司　監修『いじめの国際比較研究』（金子書房　平成13年10月）
　森田洋司　総監修／監訳『世界のいじめ』（金子書房　平成10年11月）
国際学院埼玉短期大学教授　金子　保『学級崩壊・授業困難はこうして乗りこえる』
　　　　　　　　　　　　　　　　　　　　　　（小学館　平成13年6月）
増田ユリヤ『総合的な学習』　　　（オクムラ書店　平成12年3月）
牟田武生『ひきこもり／不登校の処方箋』
　　　　　　　　　　　　　　　　（オクムラ書店　平成13年7月）
「教師＆専門家のための登校拒否研修会」テキスト
（主催（社）青少年健康センター・登校拒否研究会　厚生省児童家庭局家庭福祉課　平成12年8月）
「いじめ防止法の開発とそのマニュアル化に関する研究」
　　　　（研究代表者　大阪市立文学部教授　森田洋司　平成12年3月）
「最近の少年による特異・凶悪事件の前兆等に関する緊急調査報告書」
（警察庁生活安全局少年課・科学警察研究所防犯少年部　平成12年12月）
「心と行動のネットワーク」文部科学省
　（少年の問題行動等に関する調査研究協力者会議　平成13年4月）
家庭裁判所調査官研修所　監修「重大少年事件の実証的研究」
　　　　　　　　　　　　　　　　　（司法協会　平成13年5月）
「心身障害教育講習会」テキスト
　（主催　日本総合教育研究会　国立特殊総合研究所　情緒障害研究
　　　　　　　　部長／精神科医　渥美　義賢　平成13年8月）

著者略歴：牟田武生（むたたけお）
1947年生まれ
72年に民間教育施設「教育研究所」を設立
「子どもの側に立つ創造的な教育実践家」特に不登校の子ども達の援助活動を
中心に行う
元NHKラジオ「こどもと教育電話相談室」担当、文部省「不登校生徒追跡調査」
研究員、現在教育研究所所長、（社）KODOMO健全育成協会準備室代表、
不登校問題研究会幹事
著書「総ガイド高校新入学・転編入」オクムラ書店
　　「ひきこもり／不登校の処方箋〜心のカギを開くヒント〜」オクムラ書店
問い合わせ：教育研究所（民間教育施設）
　　　　　　（社）KODOMO健全育成協会準備室
http://member.nifty.ne.jp/KYOKEN/
〒233-0013　横浜市港南区丸山台2-26-20
Tel　045-848-3761（代）　Fax　045-848-3742

2002年3月25日　初版第1刷発行

カバーデザイン＆イラスト
藤田　康

すぐに解決！子ども緊急事態Q＆A
－大丈夫？虐待・いじめ・学力低下・不登校・ひきこもり・学級崩壊－

著　者　牟　田　武　生
編　者　オクムラ書店
発行者　佐　藤　民　人

発行所　オクムラ書店
〒101-0061　東京都千代田区三崎町2-12-7
電　話　東　京　03（3263）9994
振　替　00180-5-149404

製版・印刷　（株）シナノ

大好評 ひきこもり／不登校の処方箋
〜心のカギを開くヒント〜

（A5判／193頁／本体1600円＋税）

著者：教育研究所所長／教育カウンセラー
牟田武生

学校復帰率93パーセントを誇る教育研究所所長の著者が、30年のカウンセリング経験を生かして書き上げた本書では、「ひきこもり」の精神世界を理解するための詳しい解説や事例を収録するとともに、研究所のカウンセリング技法をもとにした対応のヒントを紹介。

――否定的感情から肯定的感情に変化するとき、
　　再登校・社会参加が始まる――

〜内容〜

序章…不登校・ひきこもりと向き合う
一章…ひきこもりとは何か
二章…ひきこもった子ども達
三章…ひきこもりへの具体的対応
四章…教育研究所紹介

小中学生・不登校生のための全国版フリースクールガイド第二版

　国内初の不登校関連総ガイドとして、新聞やテレビなど各メディアに何度もとりあげられた『フリースクールガイド』の最新版です。
　フリースクール、フリースペース、適応指導教室、サポート校、大検予備校、技能連携校、海外留学支援、親の会、カウンセリング機関など、さまざまな団体を紹介するとともに、それぞれの解説や選び方、事例報告など、「どこに行ったらいいの？」に答える数々の情報を掲載。それらを「子どものため」「親子のため」に分類してあり、非常に使いやすいものとなっています。
　収録団体＝全国約500以上。

全国書店にて発売中

　お近くの書店に在庫がない場合は直送も承っております。直送ご希望の場合は、郵便振替または現金書留で消費税・送料込みの金額を入金下さい。
　（送料：1冊＝380円　2冊＝450円）

　　　　住所　〒101-0061　東京都千代田区三崎町2-12-7
　　　　郵便振替　00180-5-149404

オクムラ書店